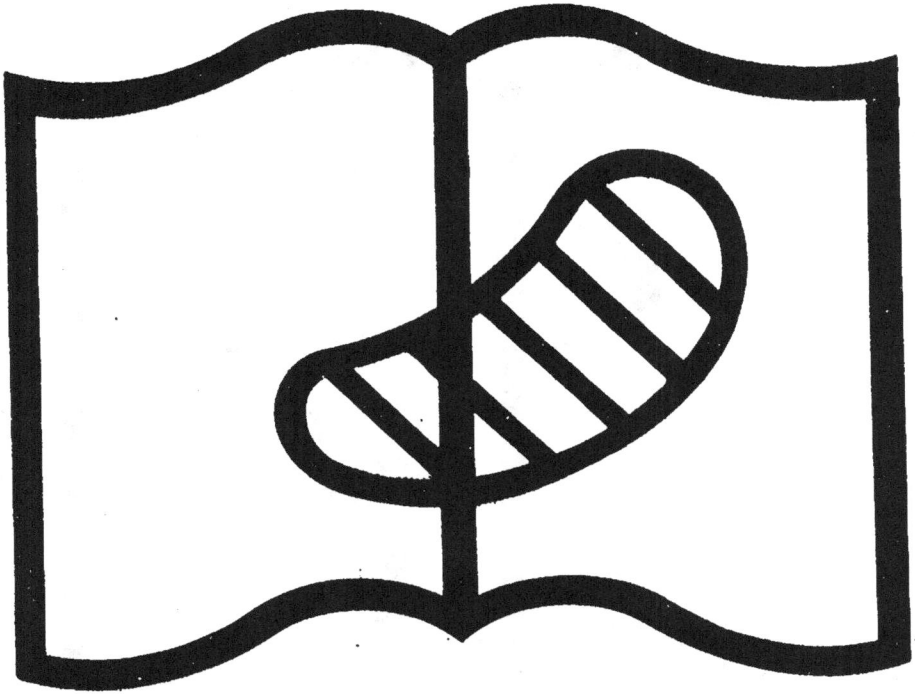

Original illisible

NF Z 43-120-10

Symbole applicable
pour tout,ou partie
des documents microfilmés

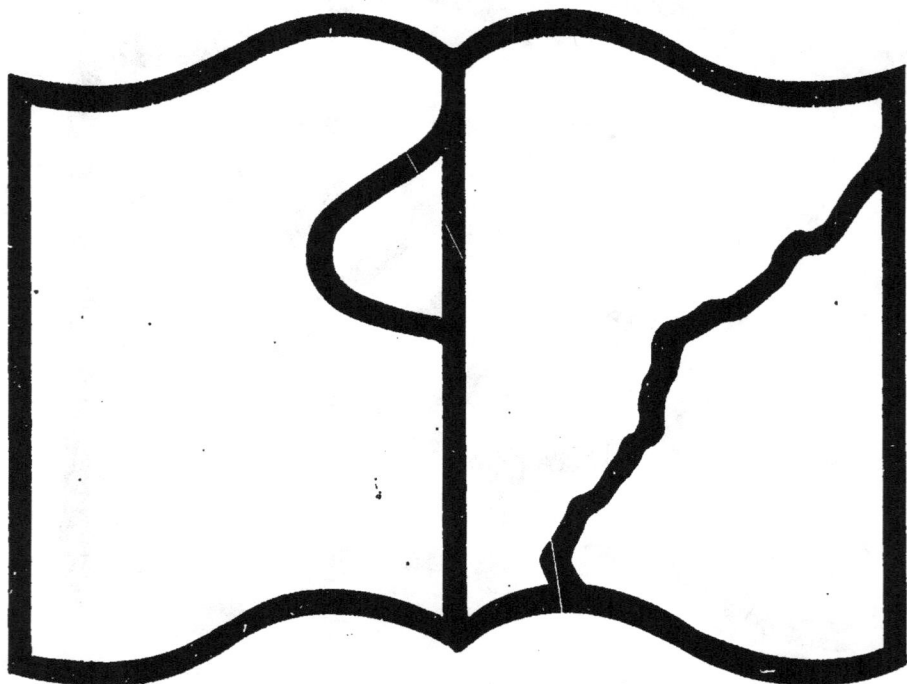

Texte détérioré — reliure défectueuse

NF Z 43-120-11

Symbole applicable
pour tout,ou partie
des documents microfilmés

DR PASCAL ROSSI

LES

Suggesteurs
et la Foule

Psychologie des Meneurs

Artistes, Orateurs,
Mystiques
Guerriers
Criminels
Ecrivains
Enfants,
etc.

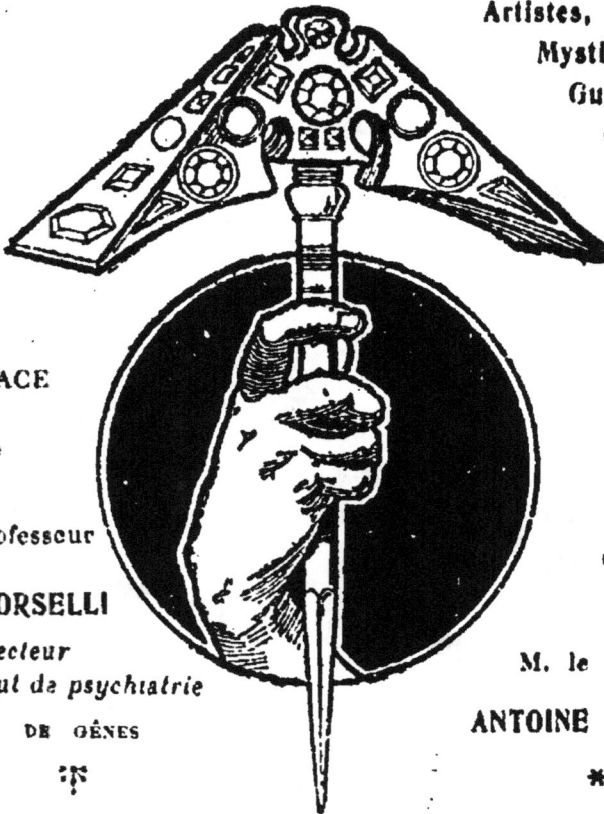

✥

PRÉFACE

de

Mᵉ le Professeur

HENRI MORSELLI

*Directeur
de l'Institut de psychiatrie*

DE GÊNES

Traduit

de l'Italien

par

M. le Professeur

ANTOINE CUNDARI

*

A. MICHALON, ÉDITEUR
26, RUE MONSIEUR-LE-PRINCE, 26,
PARIS
—
1904

LES SUGGESTEURS

ET

LA FOULE

OUVRAGES DU MÊME AUTEUR:

Giuseppe Mazzini e la scienza moderna.
L'animo della folla.
Mistici e settar.
Psicologia collettiva.
Le rumanze ed il folk-lore in Calabria.

Libreria Moderna Ricci à GÊNES.

Psicologia collectiva morbosa.
J. Suggestionatori e la folla.

Librairie Bocca frères à TURIN.

Sous presse :

La psicologia collettiva e la sociologia.

Dᴿ PASCAL ROSSI

LES

Suggesteurs
et la Foule

Psychologie des Meneurs

Artistes, Orateurs,
Mystiques
Guerriers
Criminels
Ecrivains
Enfants,
etc.

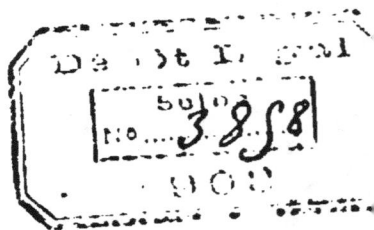

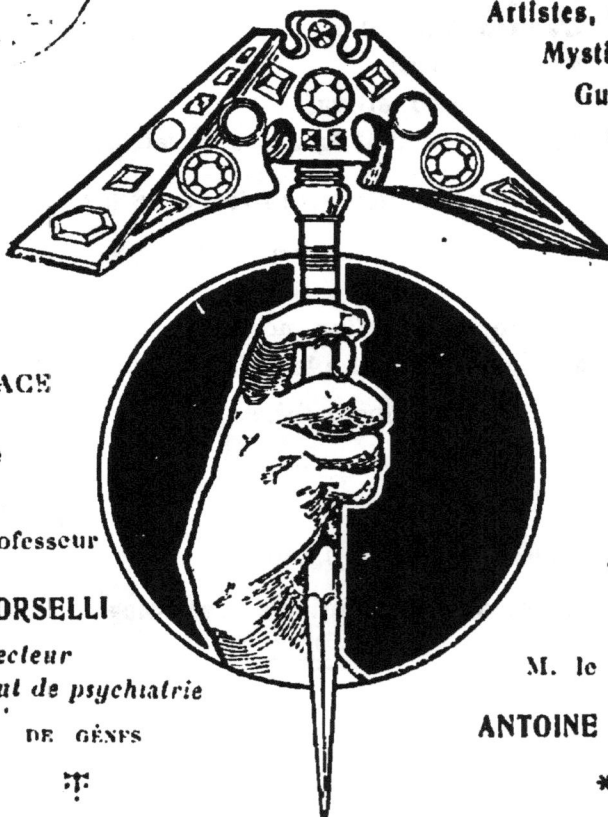

PRÉFACE

de

Mᵉ le Professeur

HENRI MORSELLI

*Directeur
de l'Institut de psychiatrie*

DE GÊNES

Traduit

de l'Italien

par

M. le Professeur

ANTOINE CUNDARI

A. MICHALON, ÉDITEUR
26, Rue Monsieur-le-Prince, 26,
PARIS
—
1904

Ce livre de M. le Dr Pascal Rossi est à la fois, une nouvelle et parfaite contribution que la science italienne apporte à une branche de la psychologie, qui, on peut le dire, a pris naissance et s'est développée en Italie, par le mérite des travaux de Scipion Sighele, de Lombroso, d'Henri Ferri, de Jacques Barzellotti, et aussi de M. Rossi.

La Psychologie collective naquit dans le moment opportun, quand la science générale des phénomènes psychiques, la Psychologie, se dégageait des descriptions synthétiques, où les philosophes l'avaient tenue depuis longtemps, et marchait, à l'aide de la méthode expérimentale,

1

à l'analyse des différences individuelles, alors qu'au contraire, la science des faits humains : l'Histoire, quittant son ancienne méthode, qui s'adressait à l'illustration des seules personnalités éminentes, recherchait dans les obscures masses des peuples et des classes sociales la raison des événements heureux ou malheureux de toute l'humanité civilisée.

Appliquer à ces masses, à ces collectivités d'individus, les connaissances que la Psychologie descriptive et analytique avait formées autour des fonctions particulières de l'esprit humain, — autour des émotions et des sentiments, des perceptions et des idées, des impulsions et des actions réflexes, — tel a été d'abord le but de cette nouvelle branche de la psychologie, dont M. le Dr Pascal Rossi est depuis plusieurs années un des plus sympathiques et éminents auteurs.

Il me fait l'honneur de me demander une présentation au public étranger, auquel il adresse cette traduction de son livre sur les Meneurs : et volontiers je me serais borné à rappeler les titres de ses ouvrages antérieurs, qui le recommandent *à l'attention de tous les amis de la Psychologie positive, si je n'étais pas sûr qu'à l'étranger (et surtout en France) les ouvrages italiens sont généralement presque inconnus. La science française peut à bon droit se vanter de posséder dans le champ de la psychologie collective des noms tels que ceux de Gabriel Tarde, de Gustave Le Bon, de M. Saleilles, de M. Hamon, etc., mais si les dates servent à établir la priorité d'une invention ou d'une idée, nos amis et collègues d'outre-Alpes devront reconnaître que M. Sighele précéda M. Tarde, et M. E. Ferri devança M. Le Bon.*

M. Rossi est entré dans le champ ouvert de ces innovateurs avec toute l'ardeur de sa jeunesse et avec une bonne quantité d'études fondamentales. Ses ouvrages ont pourtant toutes les qualités et tous les immanquables défauts des ouvrages de jeunes gens sur un argument nouveau et moderne qui, pour cette raison, permet d'exagérer dans quelques points. Mais quelle chaleur de convictions ! quelle amoureuse étude de son sujet !

·*Dans un de ses premiers ouvrages* L'âme de
la foule, *M. Rossi étudia la composition, la
pensée, les quarts d'heure géniaux, les formes
morbides et l'éducabilité de la foule. Un autre
livre encore plus remarqué, portant le titre de*
Psychologie collective, *fut presque le premier
essai de systématisation et de schématisation de
la nouvelle branche psychologique : M. Rossi y
sonda le fondement physio psychique de la masse
qui pense, sent et agit ; il y étudia l'existence
d'un rythme psycho-collectif, qui présente,
autant que tous les autres rythmes, des inter-
mittences et des incidences. Un troisième ouvrage,
d'argument particulier, fut dédié par M. Rossi
aux* Mystiques et sectaires (1900), *et il y avait
été préparé par son opuscule précédent sur la
psychologie de Joseph Mazzini. Enfin, dans un
gros volume, il traita à fond la* Psychologie
morbide collective (1901), *regardant attentivement le côté pathologique de l'âme de la foule
dans ses formes élémentaires, de couple et de
cénacle, dans ses formes épidémiques, et dans le
crime. Mais, non satisfait de regarder seulement*

les côtés avantageux ou désavantageux de la psyché collective, il sonda, le premier, les côtés meilleurs ou « radieux », car les foules suggèrent à l'art et aux artistes un certain nombre de leurs productions et quelquefois elles expriment encore une conception artistique particulière. M. Rossi ne manqua même pas de se poser le problème — la foule est-elle psychiquement éducable ? et sa réponse fut affirmative, avec des réserves naturellement. Il faut ajouter que, loin de s'arrêter à écrire des livres et des monographies séparées, M. Rossi a tenté aussi de fonder un journal pour cette branche spéciale de la psychologie qui lui est si chère.

La psychologie collective est née il y a trop peu de temps, pour ne pas présenter quelques défauts. Avant tout il me semble qu'elle se trouve encore dans la période de la généralisation hâtée et primitive : on voit partout des individus humains agissant ensemble, mais le lien psychologique entre eux n'est pas égal, et c'est pour cela que les nouveaux disciples de cette science, après un premier regard, pour ainsi dire, syncréti-

que aux masses, aux collectivités, aux agréga-
tions d'hommes (et, comparativement, d'animaux),
devront bientôt descendre à une remarque analytique et discerner les différences entre les
groupes particuliers psycho-collectifs. Un couple d'amants ou de criminels ne peut pas avoir
la psychologie d'une secte politique ou religieuse ;
ni une assemblée composée d'individus élus et
avec un but bien établi, ne peut sentir, penser et
agir comme une foule éventuelle ; ni une bande
de brigands ne peut psychiquement se conduire
comme une troupe organisée.

Il y a ici une équivoque que je ne vois pas assez
présente à l'esprit des chercheurs de la psychologie collective, soit qu'il s'agisse d'écrivains
italiens, depuis M. Sighele jusqu'à M. Rossi,
soit qu'il s'agisse d'écrivains français, depuis
M. Tarde jusqu'à M. Hamon. Il faudra expliquer que les choses ne se succèdent certainement
pas par le même procédé émotif, perceptif,
idéatif, impulsif, soit chez le couple amoureux,
soit chez la foule ivre et vandalique, qui se pré-
cipite, renverse et détruit... Ce serait une psy-

chologie bien pauvre de ressources et manquant complètement de méthode, si toutes les manifestations, dans lesquelles l'esprit de l'individu se lie à un autre, étaient comprises, assimilées, décrites et cataloguées ensemble.

Cependant le même M. Rossi commence, à propos de ce livre sur les Meneurs de la foule, à établir pour eux le mécanisme, qui n'est pas toujours spontané, de leurs émotions, de leurs idées, de leurs penchants. Dans les foules un état quelconque de conscience se propage par raison de continuité et de ressemblance d'attitude physio-psychique, mais il n'est pas toujours, bien plus je dirai qu'il n'est presque jamais spontané. Il y a un point quelquefois assez éloigné, où cet état de conscience, soit émotif, soit impulsif, se forme et s'établit, et c'est remarquablement un point déterminé, la psyché d'un certain individu ou de certains individus, agit comme le ferment, qui jeté dans une masse de substances fermentables, mais en état d'énergie latente, suffit à éveiller l'élaboration, quelquefois l'explosion d'un mouvement chimique

*fort ressemblant. Le germe de l'émotion, qui
agite tout à coup une foule, soit de passion, de
colère ou d'enthousiasme qui la transporte, et
fait naître une décharge psycho-motrice, qui la
rend tumultueuse et indomptable, est l'œuvre à
son tour d'individualités plus actives, plus
entreprenantes, plus capables d'invention : la
masse se compose d'individualités médiocres
poussées à imiter et qui ont besoin d'un aiguillon
extérieur. C'est à cela qu'a pourvu en tous
les temps de l'histoire humaine l'existence des
meneurs, des dominateurs, des démagogues, des
suggesteurs ; et il fallait que quelque studieux
de psychologie collective les examinât particulièrement après tant de lumière apportée par la
psychologie expérimentale dans le champ de la
suggestion et de l'action d'un cerveau sur un
autre.*

*Dans ce livre M. Rossi arrive à fusionner avec
beaucoup de talent le penchant tout moderne, qui
réfère aux masses, aux collectivités, aux « peuples » une fonction psychologique trop négligée
d'abord, et les penchants traditionnels qui assi-*

gnent, au contraire, un but principal à peu d'individualités dominantes. Je ne dirai pas qu'on
peut ou qu'on doit revenir à l'idée des Héros de
Carlyle, ou à celle des Hommes représentatifs
d'Emerson, non ; mais certainement : si l'étude
de l'histoire a fait descendre les héros de leur
piédestal et a oublié que les hommes supérieurs
ne sont pas toujours des produits solitaires et
merveilleux, on ne perd pas pour cela le point
de vue, où s'est placée la psychologie historique
après M. Tarde, assignant une très grande
influence, même la principale, à l'invention, qui
est un produit individuel par excellence. Eh
bien ! l'étude de M. Rossi sur les Meneurs est
dans cette direction conciliante : elle laisse aux
foules leur action psychique confuse, sans ordre,
presque toujours tumultueuse, si rarement ordon-
née vers un but utile et raisonné, et elle établit
une fois de plus la valeur des individualités.

C'est pour cela, qu'étant un adorateur et un dé-
fenseur convaincu de l'individualisme, et l'ennemi
de toutes les artificieuses hyberboles doctrinales,
j'ai consenti avec plaisir à l'invitation de l'au-

leur, et je recommande son volume à tous ceux qui, en Italie et à l'étranger, sont convaincus que la psyché humaine forme l'individualisation la plus élevée de toute la nature et reconnaissent que les stades évolutifs de la conscience dans le monde ont eu jusqu'ici le but suprême de la constituer en personnalité.

Gênes, 5 octobre 1903.

Prof. HENRI MORSELLI.

Cet ouvrage que je vais présenter au public est la continuité idéale de ce cycle d'études autour de la foule et de l'esprit collectif, qui s'enrichit tous les jours de nouvelles et suggestives contributions.

Après avoir étudié la foule dans ses manifestations saines et morbides, je sentais un besoin et un charme impérieux de la regarder dans la suggestion et dans ceux qui la manient. Ce sujet avait été presque à peine effleuré; car dans mes ouvrages et dans ceux des autres on avait étudié seulement les criminels et les mystiques de la troupe variée et cependant uniforme des Meneurs. De sorte que le sujet m'invitait par le charme, dont toute vision idéale est capable et peut-être celle-ci plusque les autres, parce qu'elle me transportait dans le monde du génie et de l'art si beau, si différent de l'absorbante recherche scientifique.

Cependant cet ouvrage est encore plus cher à mon cœur pour des raisons bien plus profondes : médité et ramassé avec la méthode positive de l'observation, il a été recomposé en son unité d'œuvre dans un des moments les plus sombres de ma vie : veillant avec un amour de père et de médecin une fleur d'enfant, enlevée, ah! avec combien de douleur, à mon amour. J'ai écrit bien des pages tout près d'elle, j'en ai méditées d'autres dans les affreuses angoisses de mes nuits sans sommeil !

On peut dire que chaque ligne s'entrelace avec un souvenir : j'ai corrigé ensuite, cet ouvrage, avec le regret de tant de bien perdu dans mon âme, et à présent je l'adresse au public entouré de tous mes souvenirs et de toutes mes douleurs ! Ce travail est, comme beaucoup de créatures des contes (rumanze) de ma Calabre, fait de larmes !

Pardonnez-moi donc, ami lecteur, si les imperfections de ce moment psychologique se sont jointes aux imperfections de l'esprit.

Cosenza (Italie).

PASCAL ROSSI.

CHAPITRE I

La psychologie des « meneurs ».

_____

Le mot _meneur_ est entré désormais triomphale-
ment dans le langage de la science des foules pour
désigner, comme je disais dans un de mes ouvrages,
« celui qui, projetant l'ombre énorme de sa psyché
sur l'amorphisme de ceux qui composent la foule,
les fascine par le charme le plus grand qu'un homme
puisse exercer. »

S'il est vrai que les mots ont une histoire, ce mot
doit avoir la sienne, laquelle nous dit que le mot
meneur, pris sous la particulière acception que
nous venons d'énoncer, commença d'abord en France
et de là se répandit aux langues et aux écrivains,
qui s'occupèrent des foules.

Mais celui qui le premier en fit usage fut Hippo-
lyte Taine, qui l'employa dans son ouvrage de
psychologie collective, lui donnant le sens, dans

lequel les psychologistes l'emploient et le public
l'entend.

En effet, le grand philosophe français, écrivant
sur le parti jacobin, nous donna le premier l'exemple
de pouvoir faire pratiquement l'histoire psychologique d'un parti ou d'une secte. C'est pourquoi des
lois et des règles psychologiques, encore inconnues
et réunies en synthèse abstraite, peuvent être
démontrées d'une façon concrète et mises comme
fondement d'événements humains, que l'on raconte
critiquement. A cet égard M. Taine peut être estimé,
justement, comme le premier écrivain conscient de
psychologie collective, où il n'eût aucun devancier
théorique, mais une pénétration pratique surpassant la facile et inconsciente intuition de M. Michelet et des autres, tels que M. Villari, qui eurent
cependant dans leurs écrits — le premier surtout —
tant de franches et naïves visions de la science de
la foule (1).

1. « Au fond, M. Taine était franchement darwiniste,
et considérait l'homme, par nature et par constitution,
comme un animal, où un substratum de brutalité, de férocité, d'instincts vulgaires et violents survivait toujours,
quoique ce substratum fût enseveli profondément sous les
hauts stratus de la civilisation chez quelques peuples et

Ce fut précisément M. Taine, qui traçant la psychologie du parti jacobin, emploie, la première fois, le mot *meneur* dans un ouvrage psycho-collectif, surtout dans la table des matières, en l'alternant quelquefois des autres mots de conducteurs ou de chefs. Ce fut le premier mot qui dut mieux répondre à cet intime mécanisme psychique, dont nous allons nous

chez beaucoup d'individus, alors qu'il est encore presque superficiel chez d'autres peuples et chez de nombreux sujets. L'État était donc pour lui, non seulement le cerveau de l'organisme social, dont il règle les mouvements, conserve l'équilibre, et synthétise la vie, mais encore quelque chose de plus ; il était un gendarme armé toujours contre le sauvage, le brigand, le fou, que chacun cache en soi, assoupit ou enfermé, dans la caverne de son cœur : gendarme d'autant plus nécessaire pour les foules, composées en grande partie de bêtes vigoureuses et suggestionnables, de déments dangereux, dont les aveugles impulsions des penchants ataviques, des intérêts rapaces, des passions sauvages, sont toujours prêtes à déborder en actions vandaliques et antisociales.

Cela peut sembler pessimisme à celui qui regarde seulement la surface ; mais il ne s'agit que de science pure et précise, que les études de M. Lebon et de M. Sighele ont élevée aujourd'hui en doctrine complète et largement prouvée. » (MARIO PILO. *Le linee maestre della filosofia del Taine* in *Rivista di filosofia*, décembre 1900, p. 453 ; G. BARZELLOTI ; IPPOLITO TAINE, parte 3 a. *Le origini della Francia contemporanea*. Roma, Edit. Lœscher, 1895).

occuper, si nous en devons juger par le succès qu'il
eut sur les deux autres mots. Car le mot *meneur*,
à la différence des autres mots semblables, même
n'ayant pas un équivalent dans la langue italienne, où
écrivirent pourtant les premiers savants, qui s'occupèrent de psychologie collective, passa dans notre
langage avec sa physionomie naturelle. Et d'un autre
côté, les écrivains français, qui se succédèrent dans
les études sur la foule, le préférèrent à d'autres
mots, presque synonymes dans l'usage commun, mais
moins représentatifs par rapport à l'intime acception
psychologique.

Tout récemment un grand artiste italien, qui tend
à prouver que l'Italie, par ses écrivains et par ses
savants, doit donner une grande impulsion à la science
de la foule, vient de substituer les mots *évocateur*
et *animateur*, pleins de grande profondeur psychique, au mot *meneur*. Mais ces heureuses expressions, que M. d'Annunzio emploie dans son *Fuoco*,
servent plus à énoncer quelques mouvements particuliers des *meneurs* artistiques et intellectuels, qu'à
énoncer le pouvoir suggestif en général de ceux qui
manient la foule. Elles représentent plus particulièrement la charmante évocation des types idéaux de
beauté que Stelio Effrena, le protagoniste de M. d'An-

nunzio, exerce sur ses disciples dévoués et sur ses amies fidèles, qu'à décrire en général l'œuvre de véritable attraction de celui qui mène la foule dans l'action.

C'est pour cela et pour la tradition scientifique comme pour d'autres raisons, que le mot *meneur* demeure encore vivant dans le langage de la psychologie collective pour exprimer l'un des deux termes, dont la vie de la foule se compose.

Mais si le mot, dont nous nous occupons, devait avoir — pour ainsi dire — tant de bonheur linguistique, le type qu'il représente n'eut que de pâles illustrations, si l'on retranche le peu de pages que M. Lebon lui consacre dans sa *Psychologie des foules* (1).

Du reste nous ne trouvons que des allusions éparses dans les ouvrages qui s'occupent du délit chez la foule, depuis les ouvrages historiques jusqu'aux ouvrages purement scientifiques ; mais aucun ouvrage n'étudie ces individus sous tous les aspects variés et multiformes que prennent les gens, propres à agir puissamment sur la foule amorphe. C'est pour cette

1. LEBON. *Psychologie des foules*, pages 105 et suiv. Alcan, 1900.

raison que ce livre peut avoir un certain intérêt.

Une étude, sur les *meneurs* se rattache à des cas de suggestion collective par un faiseur de charmes tel que le *meneur*. C'est pourquoi une étude psychologique sur ce sujet n'est ni absolument nouvelle ni éloignée des études des autres lois plus générales de psychologie et de psychiatrie. En effet, ici comme là, s'impose la nécessité de retracer la psychologie de celui qui souffre et de celui qui exerce sur ce dernier sa domination, selon l'expression choisie de M. d'Annunzio, et d'étudier le nouveau lien psychologique qui les unit.

Nous sommes obligés, dans ce cas autant que dans un autre cas quelconque de fascination, de magnétisme ou d'hypnotisme, de refaire l'étude des fascinés et des fascinateurs, réduisant ainsi le nouveau fait psychique à un examen de caractères.

On comprend bien que le phénomène psycho-collectif est extrêmement plus compliqué, parce que plus complexes et variables sont les deux termes de la suggestion. Il y a d'un côté le suggesteur ou *meneur* qui est souvent un être maladif et anormal, tour à tour fasciné et fascinateur; et de l'autre côté, il y a, non pas un individu qu'on fascine, mais une foule que M. d'Annunzio appelle le *monstre multa-*

nime, dans des circonstances particulières d'exaltation.

Cependant la science s'est approchée de cet état
d'âme, l'épiant attentivement ; et la vie du meneur,
ses passions frémissantes et redoutables, ses colères,
ses douleurs se sont ouvertes à la curiosité de l'âme
moderne qui scrute, et va au fond des choses, de
sorte que l'un des deux termes de la suggestion collective nous est connu dans ses grandes lignes.

Cependant la vue du phénomène n'est pas suffi-
sante pour nous, il nous faut connaître les profondes
raisons par lesquelles la foule est inconstante et vit
de vie alterne.

Nous ne pourrions pas les pénétrer facilement, si
la psychologie individuelle ne venait de nous révéler
ce merveilleux chapitre, qui n'est pas encore écrit,
sur le caractère, et la psychologie collective elle-
même ne nous avait pas montré que la foule est faite
en grande partie par des amorphes et par des instables, que les nombreuses suggestions, qui viennent de
tous les côtés, heurtent et émeuvent facilement.

M. Ribot écrit : « Les amorphes sont légion. J'en-
tends, par là, ceux qui n'ont pas de forme qui leur
soit propre ; ce sont des caractères acquis. En eux,
rien d'inné ; rien qui ressemble à une vocation ; la

nature les a faits plastiques à l'excès. Ils sont inté-
gralement le produit des circonstances, de leur
milieu et de l'éducation qu'ils ont reçue des hommes
et des choses. Un autre, ou à défaut de cet autre,
le milieu social veut pour eux et agit pour eux. Ils
ne sont pas une voix, mais un écho. Ils sont ceci ou
cela, au gré des circonstances. Le hasard décide de
leur métier, de leur mariage et du reste : une fois
pris dans l'engrenage, ils font comme tout le monde. »
Et plus bas M. Ribot ajoute : « Les *instables* sont
les déchets et les scories de la civilisation et on
peut l'accuser à juste titre de les multiplier. Ils sont
l'antithèse complète de notre définition, n'ayant ni
unité ni permanence. Capricieux, changeant d'un
instant à l'autre, tour à tour inertes et explosifs ;
incertains et disproportionnés dans leurs réactions,
agissant de la même manière dans des circonstances
différentes et différemment dans des circonstances
identiques ; ils sont l'indétermination absolue. Formes morbides, à degrés divers, qui expriment l'im-
possibilité des tendances et des désirs à atteindre la
cohésion, la convergence, l'unité (1). »

1. Ribot. *La psychologie des sentiments*, pages 386-87,
Paris, Alcan, 1899.

D'avance donc tout concourt, pour que la foule
devienne un bon sujet de suggestion sous l'influence
des *meneurs*. En effet, tout contribue admirablement à la rendre ainsi, sa plasticité psychique accrue
du contact des femmes, des enfants, des fous et des
criminels, qui sont en majorité dans cette foule, et
cette onde dégénérative immense dérivée de la
misère physique et morale, augmentée par les longues
transmissions héréditaires ; et par toutes les autres
circonstances météoriques de saisons, de chaud ou
de froid, d'influences électriques. Ces dernières causes, d'autant qu'elles agissent sur d'autres faits
humains : délit, génialité, contribuent encore dans ces
phénomènes à influencer la vie de la foule, favorisées
et accrues qu'elles sont par les fermentations intérieures, qui ne sont pas une des moindres parties de
la vie collective.

La foule devient, par là, un véritable sujet de suggestion : cela d'autant plus que bien des personnes
vivent en elle, toutes également capables de manifestations anormales, qui, dans le contact, s'élèvent
à une puissance vertigineuse.

Le *meneur* trouve, donc, un terrain naturellement
préparé à recevoir son influence et à la féconder. En
outre, il n'est pas lui-même, dans la plupart des cas,

le moindre sujet d'anormalités psychiques, et, issu
de la foule, il est autant qu'elle-même, malade, il en
est l'inscient suggesteur et l'inscient fasciné. Une
seule chose le distingue et lui donne l'importance de
sa force de domination sur la foule, c'est l'exubérance
harmonique de toutes les facultés psychiques, ou
mieux encore, l'émergence illimitée d'une seule. Cela
explique complètement comment il est dominé en
même temps par la foule, quoiqu'il la manie en exer-
çant sur elle une force élective.

. C'est pourquoi : être un *actif*, ne doit pas être pris
dans le sens psychologique de personne qui a pour
marque dominante la tendance naturelle et sans
cesse renaissante à l'action (1); mais, dans le sens de
posséder une ou toutes les facultés psychiques capables de s'imposer à l'amorphisme et à l'*instabilité*
de la foule.

. C'est pour cela que tous ceux, dont la passion est
vive, impétueuse, haute ; ceux qui sont émus par un
désir d'agir sans être fatigués par l'action, sont des
meneurs en puissance. On doit ajouter encore le
nombre très rare de ceux que M. Ribot appelle des
calculateurs, desquels il trace ainsi la psychologie :

1. RIBOT, *ouvrage cité*, page 389.

« Les idées sont le premier moteur, aussi, la spontanéité manque ; les tendances ne sont suscitées qu'in-
directement ; la volonté n'est pas un laisser faire »,
mais une alternative d'effort et d'inhibition : — d'effort parce que le pouvoir moteur des idées est toujours très faible, comparé à celui des désirs ; —
d'inhibition, non parce qu'il y a des mouvements violents à réfréner, mais parce que la réflexion domine
et qu'elle ne permet d'agir qu'en temps et lieu. »
D'où, conclut-il : « Les sensitifs célèbres ont agi par
l'intensité du sentiment et sa contagion ; les actifs
célèbres par la puissance de leur énergie qui s'impose aux autres hommes ; les grands calculateurs
par leur pouvoir de réflexion qui ne laisse rien à la
chance ; ils sont forts, parce qu'ils sont sages ; mais
d'une gloire terne, sans prestige, sans sympathie (1). »

Ils forment la troupe des *meneurs à distance*,
dont nous nous occuperons plus tard ; maintenant, il
faut nous occuper des *meneurs immédiats*, qui
sont de véritables personnalités psychiques morbides,
qui se montrent tels à cause de la facilité ou de

1. RIBOT, *ouvrage cite*, page 398-399.

l'impulsivité avec laquelle ils prennent une ou plusieurs personnalités psychiques.

En effet, le meneur peut prendre une personnalité nouvelle et bien différente de celle qu'il avait d'abord, d'où, il y a discontinuité et polarisation entre la vie écoulée et celle qui la suit.

. Le meneur peut aussi vivre alternativement, des personnalités diverses et variées, qui se lèvent sous la suggestion de la foule. Les tragédiens sont un exemple de cette alternative et de cette succession d'états psychiques, qui s'appelle *multanimité*; chez eux, l'individu vit de plusieurs âmes émotives. Enfin, le *meneur* peut vivre d'une merveilleuse émotivité, qui se réveille devant la foule, comme cela a lieu chez les orateurs (1).

---

1. Peut-être est-il superflu de dire, après les études de M. Ribot, et de toute l'école psycho-pathologique française, que l'alternative des personnalités diverses et leur coexistence sont des phénomènes pathogènes étudiés en clinique et reproduits expérimentalement.

On connait les remarques des D⁰ˢ Bourru et Burot sur un hystéro-épileptique qui présentait six espèces d'anesthésies sensitives et sensorielles auxquelles six personnalités diverses correspondaient. Et, chose plus frappante encore, les altérations somatiques rappelaient les personnalités psychiques, autant que celles-ci, savamment évoquées par la suggestion, rappelaient les altérations soma-

Mais quelles que soient ces nouvelles personnalités
psychiques, et la façon dont elles se montrent, il faut
remarquer l'impulsivité avec laquelle elles naissent
et meurent, et la *conscience crépusculaire* avec
laquelle elles se rencontrent, non pas chez tous les

tiques. Du reste, même physiologiquement, chacun vit dans
le sommeil, et souvent d'une manière coexistante, c'est-à-
dire à la fois, plusieurs états de conscience et de personnalités diverses.

Ce phénomène s'accentue jusqu'au morbide chez les tragédiens. On devrait chercher si des dérangements transi-
toires sensitifs et sensoriaux coexistent chez les tragédiens,
lorsque les états seconds commencent par suggestion intérieure.

Du reste l'incarnation du *meneur* dans une personnalité
nouvelle, répond à ce phénomène pathogène étudié par
M. Richet et nommé « objectivation du type », que M.
Taine dit avec raison commun aux artistes. (Voyez : RICHET.
L'homme et l'intelligence, p. 206, Paris, Alcan 1887 et
FORNELLI. *Studi di psicopatologia in Francia,* p. 42 et 43,
Napoli, 1891). M. Flournoy arrive aux mêmes doutes à
propos des états seconds de M¹¹ᵉ Smith. « Il est à présumer
— écrivait le psychologiste génevois — que toutes les
autres fonctions, si on pouvait les examiner, présenteraient
des variations parallèles et analogues, le changement de la
personnalité étant naturellement accompagné — et, pour
mieux dire, constitué — par des changements connexes
non seulement de la mémoire et de la sensibilité, mais de
la motilité, des dispositions émotionnelles, bref de toutes les
facultés de l'individu » (FLOURNOY. *Des Indes à la planète
Mars,* page 399, 1900, Alcan).

meneurs, certainement, mais chez le petit nombre
de ceux qui détiennent en partage, un naturel plus
exquis, et en même temps, plus malade.

De sorte qu'elles semblent de nouvelles révélations
au sujet même, et qu'elles ont quelque chose d'épi-
leptoïde, aux yeux de celui qui étudie la psychiatrie.

Il en résulte que le *meneur*, enclin à cette phase
morbide de l'esprit, par des prédispositions psychiques héréditaires, vit dans les moments où il agit sur
la foule, dans un *état second*, ou de personnalité différente, due à l'alternative, à la contradiction ou à la
succession d'états de conscience, qui naissent souvent
au contact de la foule, de sorte qu'il est en même
temps, suggesteur et fasciné. Quelquefois, cependant, le mécanisme psychologique, d'où jaillissent de
la conscience subliminale des personnalités nouvelles, est réduit à un simple fait de mémoire émotive.
C'est par suite de cette dernière, que des états de
conscience, vécus jadis, se réveillent (1).

1. « Plusieurs poètes, et il faut dire la même chose de plusieurs orateurs, par une heureuse mémoire émotionale,
sont maîtres à rendre les positions affectives les plus intenses et les plus éloignées de celles qui occupent toujours
leur esprit ; ils font naître dans le lecteur ou l'auditeur
l'émotion qu'ils éprouvent et dont ils évoquent le souvenir

Il s'ensuit, que c'est de la plus grande ou plus petite
qualité et quantité de réviviscence que les meneurs
dérivent des effets de suggestion ; ils s'élèvent et quelquefois atteignent le pinacle le plus haut du succès,
obtenu déjà par d'autres, en vivant un véritable état
de conscience. Ces deux procédés psychologiques —
résurrection et mémoire d'états conscients — au
lieu de s'exclure, s'intègrent, car seulement des
natures privilégiées peuvent vivre ou revivre, sur
le champ, des émotions nouvelles et diverses, se
transformer dans leur personnalité et agir dans un
état second ou de *transe*, et mêmes chez ces natures
privilégiées, le phénomène est-il peut-être plus rare
qu'on ne le croit. Rarement l'orateur, à peine monté
à la tribune, se sentira pris de la passion qu'il veut
communiquer à la foule ; rarement le tragédien, à
peine maquillé, se sentira l'individu qu'il représente.
Cela arrive même peu souvent, chez les natures privilégiées par de faciles personnalités nouvelles, s'éle-

tout simplement ; et une comparaison entre le réel état d'âme
de certains poètes écrivains, et celui de leurs ouvrages
dévoilerait l'artifice de certaines inspirations et la vocation
d'acteur que l'on trouve dans chacun d'eux » (L. M. PATRIZI.
Saggio psico-antropologico su Giacomo Leopardi, p. 132.
Bocca, Ed.

vant de l'inconnu ; et on peut en avoir une preuve dans le succès de leur œuvre qui n'est pas toujours identique.

Mais la plupart des individus s'adressant à la foule, excepté quelques moments extrêmement heureux, commencent par évoquer des états de conscience, simulant des personnalités nouvelles et différentes de l'ordinaire, mais auxquelles ils n'arrivent que par une pressante succession pendant le temps qu'ils agissent sur la foule.

Ainsi un tragédien réussit quelquefois à se transformer beaucoup, et d'autres fois peu, dans le personnage favorisé, à l'interprétation duquel il sait atteindre le degré le plus haut de l'art. Si quelquefois, par une heureuse disposition de l'âme, il sait être l'*autre* personnalité qu'il représente du commencement à la fin du drame, d'autres fois il n'est cette personnalité qu'en quelques points seulement, plus ou moins fréquents et rapprochés. De même un orateur, qui s'entretient sur un sujet suivi devant un public homogène tant par les circonstances extérieures que par les dispositions bénévoles de l'âme écoutante, ne réussit pas toujours à l'émouvoir de la même façon et avec la même intensité. De même que le génie, l'association mécanique d'images et d'idées s'alterne,

coexiste et agit tour à tour avec l'association ordinaire et normale (1).

Revenant à notre sujet, il n'est pas douteux que la
psychologie des *meneurs* que nous disions *immédiats* consiste dans cette admirable faculté évocatrice, si différente dans ses degrés et dans ses con-
tingences extérieures et intimes ; car elle se ressent,
autant qu'une autre idéalisation géniale, des influences de l'heure, de la saison, du temps et de toutes les
autres influences sociologiques de l'ambiant, au contact duquel elle frémit et vibre, comme la harpe
éolienne au vent qui passe. Doit-on croire moins actives sur cette faculté évocatrice les autres circonstances cénesthésiques, sous l'influence desquelles les
meneurs recueillent, élèvent ou laissent échapper
et dépriment les inspirations et les images, qu'ils
colorent de leur propre sentimentalité ? Ainsi la
faculté évocatrice n'a d'autre effet qu'exercer une
suggestion sur la foule, à laquelle, celle-ci répond.
Cette suggestion peut être de deux espèces : l'une
normale (M. Sergi), l'autre pathogène ; toutes les
deux liées par des degrés et des nuances insensibles.

1. RENDA. « *Ideazione geniale* », p. 40 et seg. Locca,
1900.

Par le premier mécanisme suggestif, nous faisons pénétrer des idées et des sentiments normaux dans un cerveau sain, destiné à les accueillir. Il y a, donc, une borne qui ne peut pas être dépassée par ce pouvoir suggestif, sans que le sujet se révolte. D'un autre côté, le sentiment, ou l'idée reçue, ne demeurent pas dominants dans le champ de la conscience, mais ils s'encadrent avec d'autres produits mentaux qui préexistent, de manière à ne pas déterminer une personnalité nouvelle en celui qui subit la suggestion.

Cette forme de suggestion n'est pas moins vraie chez l'individu que chez la foule, qui reçoit ainsi une idée saine et s'en sature. N'est-ce pas là le mécanisme qui fait répandre la science, l'art, la littérature (pour ne citer seulement que les formes moins sentimentales de suggestion)?

Mais celle-ci prend, dans les rapports de la psychopathologie individuelle, par degrés insensibles, des formes morbides. Alors comme remarque M. Ottolenghi, surgissent des modifications de la sensibilité générale et particulière du sujet, des altérations de la cénesthésie, l'apparition de facultés nouvelles qu'il appelle justement cachées. En un mot la personnalité s'altère et de nouvelles formes surgissent du champ de l'inconscience (1) et l'on arrive alors jusqu'à l'anéantissement complet de la conscience et à l'*automatisme*.

La foule éprouve elle aussi, ces perturbations délétères de la propre personnalité, dont nous nous sommes occupé déjà (2) et qui sont chez elle plus fortes et plus compliquées à cause de leur mécanisme psychologique particulier.

C'est la force et aussi la complexité du phénomène, qui différencient vraiment, la suggestion individuelle de la collective, laquelle prend sa source de trois faits : Primo, le suggesteur est une personnalité psychique profondément malade.

Secondo, le pouvoir de suggestion entre la foule et le *meneur* est continuel et réciproque. C'est plus qu'une seule onde, ce sont de nombreuses vibrations qu'ils se renvoient mutuellement, en ondes refluées.

Tertio, dans la foule, par la particulière activité psychique, la vie émotionale s'élève considérablement et les auto-suggestions y sont fréquentes.

Ce sont ces trois conditions qui méritent d'être

1. OTTOLENGHI. *La suggestione e le facoltà psichiche occulte*, Bocca, 1900 Parte I.

2. *Psicologia collettiva morbosa*, p. 40 e seg., Bocca, 1901.

décrites pour établir la comparaison de la suggestion collective avec la suggestion individuelle.

Nous avons dit, il est vrai, que le *meneur* est,
dans la plupart des cas, un sujet profondément hyper-
esthésique. C'est cette qualité psychique qui le
rend différent du *suggesteur* agissant sur un seul
individu. Car celui-ci est quelquefois un savant
(Charcot, Morselli, Lombroso, Ottolenghi, etc.), pour
qui la suggestion est un moyen puissant d'analyse
psychique; d'autres fois c'est un suggesteur qui agit
dans un but intéressé de gain (Donato, Pinkmann)
ou de crime; mais c'est toujours une individualité
incapable de s'élever à des personnalités nouvelles
sous l'onde pressante de la foule.

Le *meneur*, au contraire, agit sur la foule en
émotif. En effet, dans son âme surgissent des passions nouvelles et rapides, qui s'annoncent et se
manifestent par des contractions passionnées du
visage, par des accents et des cris, auxquels la foule
ne reste pas toujours sourde, s'ils ne sont ni trop
compliqués ni trop pénibles.

Ce pouvoir de la mimique, évocatrice de mouvements intérieurs, est si vraie qu'il n'y a pas de plus
grand tourment — comme l'observe un de ceux qui
étudient la psychiatrie — pour les artistes qui

voulent se représenter une passion, que du fait que
« les modèles ne sentent pas la pose. » Les artistes
n'ont pas tort de se plaindre : un modèle qui, par
l'expression physionomique et par les attitudes mus-
culaires, saurait rendre les effets extérieurs d'émotions intenses et éveiller dans les autres l'idée de
la souffrance ou de la joie, de l'amour, de la colère,
ou de la pitié, deviendrait un collaborateur de l'artiste, ce serait un artiste lui-même (1) ». Et si cette
force d'évocation est si active dans le silence médita-
tif d'une étude, faite pour contenir l'onde changeante des émotions, combien ne devient-elle pas
plus haute et immensément plus grande dans la
vie multanime de la foule ?

Différent en tout du *meneur* est le suggesteur qui
agit sur des psychés individuelles. Il agit, avant
tout, comme un *intellectif* qui fait pénétrer des
états d'âme dans le sujet, par la voix ou par des
actions diverses; et, bien qu'il arrive quelquefois
après des épreuves répétées, à des effets élevés,
cependant ces effets sont toujours inférieurs à ceux
du *meneur*, d'autant que l'émotion devance la pensée, comme déterminante des actions.

1. G. ANTONINI. *L'osservazioni scientifica in sussi-
dio dell'arte figurativa.* Varallo, 1901.

La foule même différemment de l'individu fasciné, ne reste pas passive. Elle suscite le *meneur*, en éveillant en lui les personnalités latentes et elle renvoie à l'animateur, en des ondes refluées, les mouvements par lui communiqués, qu'elle a grandis et élaborés dans son âme propre. De sorte qu'elle est doublement suggestrice : lorsqu'elle incite le *meneur*, en lui communiquant sa fièvre, (tous ceux qui parlent et agissent en public, avouent l'agitation fébrile qui les saisit dans ces moments), et lorsqu'elle s'exalte, crie, délire et tournoie, aux mots du *meneur*, celui-ci s'en grise de plus en plus.

Cette action dynamogénétique et évocatrice, pour ainsi dire, de la foule, ne peut pas être mise en doute, parce qu'elle est partie intégrante du succès du *meneur*. Un grand orateur la résumait en quelques périodes, où il a tenu compte des inspirations qui surgissent en présence de la foule et se traduisent en un étincellement de la pensée, en un éclat d'images, qui s'évaporent ensuite dans le silence reposé de l'étude.

Il écrivait : « Après avoir étudié un thème dans ses grandes lignes, le reste vient avec l'improvisation du discours, il se complète par les digressions plus ou moins suggestives, se colore dans la forme et palpite

par la cérébration allumée et stimulée par la présence des auditeurs, par les anxiétés nerveuses (non
encore vaincues après tant d'années de discours en
public) par les accueils ou dissidents ou bienveillants
ou même enivrants... Mais écrire lorsque le déli-
cieux tourbillon est passé, dans la tranquillité close
d'une idéation, qui difficilement s'élève jusqu'à
la haute température de la parole vive, avec le cau-
chemar invincible qu'aux lecteurs elle doit sembler
un potage réchauffé, comme elle me semble à moi,
dans des conditions cérébrales si différentes : voilà
ce qui ne me réussit que péniblement. » (1)

Outre de cette action de dynamogénèse, la foule
exerce sur le *meneur* une action inhibitoire, qui lui
enlève la possibilité de s'élever à des états seconds
de conscience. Alors la pensée s'obscurcit, les yeux
ne voient plus et un sentiment de peur s'empare du
meneur. On sort souvent de cet état avec un plus
brillant éclat d'images, avec une incarnation de personnalités plus hautes; d'autres fois, au contraire,
la catalepsie des zones cérébrales prévaut et le
meneur demeure accablé et presque anéanti (2).

1. ENRICO FERRI. *I delinquenti nell'arte* Préface, Genova, Libreria Moderna, 1911.
2. Cet état fut bien décrit par un physiologiste (Mosso.
La paura Introduzione, p. 1-1, Milano, 1884, Treves) ; et

Et maintenant il nous est possible de rassembler les éléments épars et de pénétrer plus avant dans la profondeur psychologique du phénomène qui nous occupe.

C'est par lui que des individualités psychiques, au contact de la foule, s'élèvent à des personnalités nouvelles et diverses et deviennent *multanimes*, parce qu'il existe chez elles une disposition naturelle et simultanée de maladie et de génialité. De là, vient, dans les cas les plus typiques, que les nouvelles personnalités, auxquelles les *meneurs* s'élèvent sous l'empire de la foule, ont toute la rapidité inconsciente ou crépusculaire d'un *raptus*. Alors tandis que vivant en ce moment-là un nouvel état de conscience éprouvé jadis ou non encore vécu, quelques-uns atteignent la multanimité et sont des véritables *immédiats* ; d'autres, au contraire, n'atteignent la multanimité que par un véritable procédé de mémoire émotionale.

Ces deux procédés psychologiques, ne sont cependant pas si distincts qu'ils ne puissent s'alterner, s'entrelacer et se confondre dans un même individu.

par un artiste (D'ANNUNZIO, *Fuoco*, page 69, Milano, Treves, 1900).

Mais il est certain que la qualité de *meneurs* est d'autant plus forte et vibrante, du fait que le procédé psychologique, par lequel on vit ou revit des états de conscience, est plus facile à se développer et à se rendre exubérant en surpassant l'autre procédé de la mémoire émotionale.

Si le *meneur* a pour lui, comme prérogative naturelle, la facile disposition à la multanimité, celle-ci ne se manifeste, ou du moins ne grandit qu'au contact de la foule, dont le *meneur* est un produit, qui même pendant un moment s'élève au-dessus d'elle et la manie, en dégageant ses hautes et insolites énergies psychologiques, alors que la foule s'allume de ses passions et y répond par des ondes refluées et continuelles.

Ceci a son importance, quand on veut déterminer la participation psychologique, et, de là, la responsabilité respective du suggesteur ou de la foule : c'est là toute la psychologie des *meneurs* immédiats que nous allons étudier de plus près.

Chapitre II

« Meneurs » immédiats.

Après avoir étudié dans les grandes lignes la psychologie des *meneurs*, essayons de la rendre plus complète, comme l'artiste qui, par un patient travail de retouche, revient à son œuvre pour en tirer un plus large effet de lumière et d'ombre.

C'est dans ce but que nous étudierons les principales variétés des *meneurs* immédiats, en tenant compte de l'influence héréditaire, des déséquilibres psychiques et de la nature multanime qu'ils présentent.

En effet, l'état de conscience du *meneur*, fait de faciles incarnations de personnalités différentes, est, dans les cas les plus typiques, impulsif, rapide, presque inconscient, parce que c'est un phénomène de génialité.

Etudier le *meneur* sous cet angle visuel n'est pas seulement ajouter de nouveaux exemples à la biologie du génie ; mais trouver la raison du succès de l'évocateur sur la foule. Subjuguer la foule n'est pas au pouvoir de tout le monde, mais seulement de ces organismes privilégiés, où le morbide et le normal se touchent si étroitement que l'on ne peut pas dire où l'un finit et où l'autre commence.

Certainement, les *meneurs* diffèrent les uns des autres par l'intensité du sentiment et de la multanimité, et aussi par le contenu psychique des états de conscience. Une étude complète sur ce sujet doit tenir compte de ces variétés. .

Les *meneurs*, donc, peuvent se distinguer en *meneurs* immédiats et *meneurs* médiats. Les premiers agissent sur la foule assemblée ; ce sont ceux qui possèdent le mécanisme psychique le plus grand et le plus intense, mais aussi le moins durable ; les artistes de théâtre et les orateurs appartiennent à ce genre.

Les seconds agissent sur la foule éparse et ils s'appellent *médiats*, parce que leur moyen de suggestion est tout différent de la parole et du geste.

De même que la psychologie de la foule éparse est fondamentalement identique à celle de la foule assemblée, ainsi la psychologie des *meneurs* respectifs n'en diffère point.

Enfin, nous ne dissimulant pas que la science a aujourd'hui des tendances génétiques, une monographie sur les *meneurs* ne serait pas parfaite, si l'on n'y traçait pas leur évolution dès le monde enfantin, lequel est une fidèle récapitulation, quoique abrégée, des vicissitudes de l'espèce humaine.

I

LES TRAGÉDIENS.

Parmi tous les *meneurs* immédiats, les artistes tragiques — ou simplement les tragédiens — tiennent la première place. En effet, ils s'élèvent au pinacle le plus haut de la multanimité ; et ils laissent paraitre au dehors les nouveaux états de conscience, qui se révèlent en eux, par leurs costumes et par l'apparat scénique, — *par le truc* — lorsqu'ils ne les accompagnent pas de la musique, en plus de la parole et du geste. Leur art revêt toutes les notes les plus hautes à seule fin de vaincre et dominer la foule et ils sont les *meneurs* les plus immédiats parmi les meneurs immédiats. Par cela même leur suggestion est brève, car en eux l'intensité la plus haute ne se sépare jamais de la courte durée, comme il arrive en toutes les manifestations de la nature et de la vie (1).

On ne s'élève pas à ce haut faîte de génialité, sans qu'une lente préparation héréditaire n'intervienne à fixer, en les formant, ces qualités de multanimité, qui, par d'heureuses circonstances, vont jusqu'à la

1. Schiller dans le prologue de son « Wallenstein » surprit quelques notes de la psychologie du *meneur* tragique :

« *Wo möcht'es auch die Kräfte lieber prüfen,*
Den alten Ruhen erfrischen und verjüngen,
Als hier von einem auserles'nen kreis,
Der, rührbar jedem zauberschlag der kunst,
Mit leis beweglichem Gefühl den Geist
In seiner flüchtigsten Erscheinung hascht ?
Denn schnell und spurlos geht des Mimen kunst,
Die wunderbare, an dem Sinn vorüber,
Wenn das Gebild des Meissels, der Gesang,
Des Dichters nach Jahrtausenden noch leben.
Hier stirbt der zauber mit dem künstler ab,
Und wie der klang verhallt in dem Ohr,
Verrauscht der augenblicks geschwinde schöpfung,
Und ihren Ruhm bewahrt kein dauernd werk.
Schwer ist die kunst, vergänglich ist ihr Preis,
Dem Mimen flicht die Nachwelt keine kränze ;
Drum muss er geizen mit der Gegenwart,
Den Augenblick, der sein ist, ganz erfüllen,
Muss seiner Mitwelt mächtig sich versichern
Und im Gefühl der Würdigsten und Besten
Ein lebend Denkmal sich erbaun. »
Parmi ceux qui saisirent les premiers la multanimité

perfection géniale. Cette loi d'hérédité est si vraie,
que les tragédiens se distinguent eux-mêmes en ceux
qui sont *les enfants de l'art* et en ceux qui ne le sont
pas, selon qu'ils descendent de familles, dont la pro-
fession fut de fouler la scène ; soit qu'ils chaussèrent
le cothurne, poussés par une vocation intense et
innée, ou par d'autres orageuses vicissitudes.

des tragédiens fut François Salvi, qui écrivit dans un de
ses ouvrages posthumes : « Ce caractère d'originalité que
l'on veut donner à l'expression, semble reposer sur l'identification de la personne avec le type idéal qu'elle veut
représenter, de sorte qu'elle ne semble pas l'imiter tout
simplement, mais agir véritablement. Alcibiade avait reçu
ce talent de la nature, et prenait suivant les besoins et
les circonstances les attitudes et les manières, qui leur
étaient les mieux appropriées. Ce qu'on a dit de Ver-
tumne et de Protée devrait se vérifier chez tout acteur
habile, qui sût prendre les formes de tous les caractères qu'il voulût ou qu'il dût imiter. C'est pour cela qu'on
attribuait plusieurs âmes au même acteur qui seul repré-
sentait une fable de cinq personnes. Ce phénomène merveilleux suppose une disposition telle dans le cerveau, dans le
cœur et dans les organes extérieurs qui en dépendent,
qu'à peine le cerveau conçoit-il l'évidence du type, le cœur
le démontre tellement, que le type, tel qu'il est, est exprimé
par les organes extérieurs. J'appelle cette disposition
spontanéité... Elle s'éveille bientôt dans l'âme de l'artiste,
et, l'agitant fortement, se répand par tout son corps,
s'épand et se communique à tous ceux qu'elle rencontre...
elle s'annonce par un battement et un frémissement inté-

M. Ribot remarque combien l'hérédité géniale est vraie et active chez les peintres, les musiciens, les poètes, les savants, auxquels nous pouvons ajouter les tragédiens; et dès les temps de la Grèce ancienne jusqu'aujourd'hui qui peut dire le nombre des familles des auteurs tragiques, et si l'on ne se souvient que d'un petit nombre, c'est parce que, parmi les innombrables troupes de tragédiens héréditaires, peu de familles eurent un tragédien de génie, qui en rappelant sur lui l'attention, eût révélé, en

rieur, qui, cependant, trouble et charme, et elle se transporte ensuite sur les traits, dans les accents et dans les mouvements les plus délicats et les plus expressifs de la personne ; et elle dispose et force ceux qui la remarquent et la contemplent à se modifier avec l'artiste. D'où ces traits de lumière et de feu, qui, par leur évidence et par leur efficacité, surprennent, effraient et renversent ceux qui les reçoivent. Alors l'imitation devient un besoin chez tous les spectateurs présents, et l'on voit se renouveler les phénomènes des Abdérites et de l'illusion qui sont un effet prodigieux de l'art.

Et il ajoute : « La tragédie ne peut pas atteindre entièrement son but, si le fait qu'elle représente n'a pas ému d'abord fortement l'auteur, si l'œuvre de ce dernier n'a pas ému également l'acteur, et si l'acteur lui-même ne réussit pas à réveiller les mêmes impressions chez les spectateurs. Quintilien vit souvent des acteurs sortant de la scène encore en larmes par suite des malheurs qu'ils avaient vraiment imités. »

même temps, le penchant héréditaire de sa race.

Ainsi Gustave Salvini descend de Thomas, père de
toute une génération d'artistes, qui en héritèrent
non seulement par les qualités de l'esprit et le fin
penchant de l'art, mais encore par la prestance
majestueuse de la personne (1).

Paul Mocialoff naquit d'une famille d'artistes tragiques : son père, Etienne, était un des meilleurs
artistes, et sa mère prenait elle-même part aux
représentations. Tous ses frères ainsi que toutes ses
sœurs foulèrent la scène (2).

Gustave Modena était aussi un enfant de l'art :
son père Jacques, de tailleur était devenu un tragédien de quelque réputation ; sa mère était plus qu'une
médiocre artiste.

A ceux-ci s'oppose la troupe de ceux qui, comme
les frères Coquelin et d'autres artistes d'égale importance, vinrent à l'art tragique par une autre route
que la tradition familiale.

Mais, comme les tragédiens prennent de nouveaux
états de conscience pour pouvoir se transformer,

1. ENRICO CORRADINI. *Gustavo Salvini* in « Rassegna
internazionale », del 15 gennaio 1901, p. 96.

2. JACHUFTIIKIN. *Paolo Mocialoff* in « Rivista moderna
di cultura », an III, n. 7-8, 31 agosto 1900.

dans le geste, dans la personne, dans la voix, et
devenir différents de ce qu'ils sont ordinairement
dans la vie réelle, ils présentent ainsi les plus grandes qualités d'anormalités psychiques, par rapport
aux autres espèces de *meneurs*.

Il y a chez tous les tragédiens outre un déplacement
moral, un besoin de vagabondage. Ce sont des *noma-
des*, des tribus bohémiennes, des pèlerins de l'art.

La jeunesse de plusieurs artistes célèbres fut un
pénible vagabondage : un écrivain parlant d'Her-
mète Novelli dit qu'il naquit d'une famille noble,
déchue, et que son père était « une tête brûlée
comme son fils », et il ajoute qu'il avait fait le souf-
fleur dans une de ces humbles compagnies de pauvres histrions flâneurs (1).

Souvent, chez les tragédiens, le besoin de vagabondage prend une apparence tout à fait individuelle,
aidé et favorisé par une génialité multanime.

M. Jarro nous décrit ainsi la physionomie morale
de Sarah Bernhardt : « Elle est une de ces grandes
charmeuses, de ces séductrices irrésistibles, qui
passent saines et sauves, parmi les passions les plus

1. JARRO. *Attori, cantanti, concertisti*, etc. ; Firenze,
1897, pag. et suiv.

brûlantes. Il est dans cette femme, dans sa personne,
dans sa légende d'or, d'extravagance, d'aventures
bohémiennes, qui l'accompagne, un charme profond
et irrésistible. On dirait un fruit défendu que tout le
monde est désireux de cueillir.

Elle est à la fois tragédienne, peintre, sculpteur,
écrivain, aéronaute et se fait applaudir des premiers
escrimeurs d'Europe (1).

Il continue, parlant de la rapidité, avec laquelle
« dominée par une de ses fantaisies d'artiste, d'une
heure à l'autre », elle prend la résolution de voyager,
d'aller de Paris à Londres, de Florence à Venise,
d'Europe en Amérique. A la turbulence de son corps
répond admirablement le naturel délicieusement
sensitif de son âme d'artiste, cause première et
vraie de la multanimité géniale des *tragédiens*.

Il écrit aussi d'Eléonore Duse « qu'elle a toute la
fragilité, l'attendrissement, la sonorité d'une corde
de harpe, laquelle peut être secouée et peut vibrer
sous le souffle du vent le plus faible. Il est presque
impossible de dire combien sera vive l'intensité du
sentiment dans une pareille nature d'artiste ; certainement, il est difficile qu'elle puisse être toujours

1. JARRO, ouv. cité, p. 43-44 et 50.

régulière, adoucie, comme le veut, la vertu de l'art;
elle éclatera souvent irrégulière, tumultueuse, effré-
née; mais elle aura souvent dans ce tumulte des
expressions ineffables et originales. »

Dans ces qualités, en effet, consiste toute la psychologie de l'artiste tragique, laquelle n'a pas échappé
à ceux qui portèrent leur génie d'analyse sur le
théâtre D'où M. Jarro, avec une grande pénétration
scientifique, définissait l'acteur, comme « un être
multiforme, nerveux, très excitable qu'un applau-
dissement exalte, que la froideur d'un public exas-
père où abat, le nombre des spectateurs, le désaveu
même d'un seul modifient, centuplent ou diminuent
ses meilleures qualités », car en lui « trop d'émotions
se réfléchissent pendant une soirée (1). »

L'acteur est un être multanime : c'est-à-dire capable de se transformer, en quelques instants, dans le
personnage qu'il représente, car il possède au plus
haut degré la qualité commune à tous, la multanimité,
par laquelle nous vivons tellement des exploits et
des vicissitudes du héros, du protagoniste d'un
conte, d'une nouvelle, d'un roman, que nous nous
sentons transformés en lui.

1. JARRO, ouv. cité, p. 211.

Edmond de Amicis raconte qu'Alphonse Daudet, dans la causerie familière, reflétait admirablement jusqu'à l'expression extérieure : des gestes, de la voix, du regard, des personnages amis ou connus (1), avec la vivacité d'un habile pianiste passant rapidement sa main sur le clavier, ou d'une glace, où les images des passants se dessinent pendant un instant, puis sont effacées par d'autres qui surviennent.

Car Al. Daudet était doué, en véritable méridional, d'un naturel exubérant, et d'un sens exquis d'imitation.

Or répéter d'autres attitudes, d'autres voix, c'est la première condition pour en vivre et pour en comprendre les mouvements intérieurs par la correspondance intime entre les émotions et leur expression. Et vraiment, l'artiste tragique commence l'œuvre de transformation de sa personnalité dans celle du personnage qu'il représente. en se maquillant ou mieux en se transformant dans les attitudes extérieures du costume et, autant que possible, de la figure et des gestes. Cette transformation est la

---

1. DE AMICIS : *Ritratti letterari*, p. 31. SCIPIO SIGHELE a réuni dans son ouvrage : *Mentre il secolo muore*, beaucoup d'exemples de multanimité chez les artistes. Voir pages 43 et suiv., Sandron, 1899.

forme la plus simple et le commencement de la multanimité, qui chez quelques-uns s'accomplit par un
inscient travail de leur nature et qui s'élève à de
grandes hauteurs chez les artistes et chez les
meneurs, gens multanimes qui par disposition innée,
ou par vertu acquise, savent prendre de nouvelles
personnalités.

Les grands artistes comme Al. Daudet nous en
offrent l'exemple et dans Numa Roumestan cette
admirable et cependant véritable fiction de l'art,
Daudet peignit beaucoup de sa nature méridionale.

Plusieurs, cependant, s'arrêtent à l'imitation extérieure des gestes et de la personne des autres, sans
en pénétrer les mouvements intérieurs de l'âme. Il
en est ainsi en général dans toutes les conversations
et même dans les degrés les plus bas de la fiction
scénique ; même aux cafés chantants, lorsque l'artiste — s'il peut mériter ce titre — se présente
au public maquillé dans l'un ou dans l'autre des
personnages connus ou d'actualité immédiate.

A ce phénomène répond celui, tout à fait idéal,
par lequel, surtout dans les lectures passionnées de
la première jeunesse, nous nous sentons comme
transformés dans le personnage imaginaire, protagoniste du roman ou de la légende, dont il nous

4

semble, par une fiction de l'esprit, avoir pris même jusqu'aux aspects extérieurs de la personne, et du costume.

Des expressions extérieures nous passerons aux états de conscience et aux émotions, d'où par la correspondance entre les unes et les autres, la sympathie tire son origine. Souvent le procédé psychologique s'éveille et se joint si intimement avec le travail d'une imagination créatrice, que les instables fantômes de l'esprit deviennent des personnes vivantes et réelles, elles occupent l'âme de l'artiste, elles vivent en lui, jusqu'à ce qu'il s'en délivre en les immortalisant dans une œuvre d'art (1).

---

1. « Pour rester dans la psychologie, nous savons par de « nombreux témoignages que beaucoup n'ont été délivrés de « leur obsession qu'en créant : elle se fixe dans un poème, un « roman, un drame, une symphonie, une statue, un tableau : « Tels Michel-Ange et les sculptures de la chapelle de Médi- « cis, le Schiller de la première manière dans les Brigands, « Byron dont Taine a si bien fait la psychologie, né pour « l'action et les aventures (rendu peut-être à sa vocation « lorsqu'il alla mourir à Missolonghi) n'est-il pas le poète « des pirates, et des entreprises étranges et suspectes ? « Un anthropologiste italien, G. Ferrero, a fait observer « que l'art morbide est une défense contre des tendances « anormales qui finiraient sans cela par se transformer en « actions. » (Rilot. *Psychologie des sentiments*, page 367, Paris, Félix Alcan, 1897).

Cet état de conscience est le degré le plus haut de
la multanimité auquel on arrive, comme nous allons
le voir — ou tout à coup ou peu à peu. « J'ai besoin —
disait Emile Zola — de prendre mes personnages un
à un, et puis deux à deux, etc., et de les faire aller et
venir dans ma tête, la nuit, en me promenant, en
dînant, arrachant un mot à l'un, saisissant dans un
instant le geste d'un autre, découvrant le secret
d'une tierce personne et de m'habituer ainsi à vivre
avec eux jusqu'au point de me retourner brusque-
ment avec la presque certitude d'en surprendre un
en chair et en os... Quelquefois il me semble être
tout à fait étranger à mon roman. Ainsi, scènes, dia-
logues se succèdent spontanément, et je n'ai qu'à chan-
ger quelques mots dans le texte qui se développe sous
mes yeux... Je demeure tout étonné lorsqu'en levant
la tête je me retrouve seul dans ma chambre, et
je cherche par où se sont échappés les fantômes
qui un moment avant se pressaient autour de
moi (1). »

Après avoir étudié, ainsi, dans les grandes lignes,
la multanimité, revenons aux *tragédiens*, parce que
ce sont eux qui vivent plus particulièrement des

1. DE AMICIS, ouv. cité, p. 97-98.

états seconds de l'âme, dérivés du dédoublement de la conscience.

Remarquons que tous ceux qui se sont occupés des *tragédiens,* ont saisi le fait fondamental de leur psychologie : la multanimité.

Henri Panzacchi écrivait : « La figure d'un acteur célèbre éveille toujours la curiosité et la sympathie, comme si, outre son existence variée et aventureuse, il eût conservé dans sa mobile physionomie et dans sa voix tant de fois transformées sur la scène, quelque chose de toutes ces passions et de toute cette humanité qui s'incarnèrent en lui et dont il sut être l'organe transmetteur. » Ainsi, E. de Amicis, jeune homme, suivait les artistes, même les médiocres, par les rues, « presque pour constater combien l'humble vie de tous les jours tombe d'accord avec la vie idéale des personnages sombres et joyeux », qu'ils représentent (1).

Perdita, la tragédienne, apparaissait ainsi à Stelio Effrena, le savant évocateur.

« Quoiqu'elle (Perdita) demeurât immobile, quoiqu'elle se tût, ses fameux accents, ses gestes mémorables, semblaient vivre autour d'elle et vibrer

1. GUSTAVO MODENA in *Nuova Antologia*, p. 579, an. 1900, f. 681.

indéfiniment comme les mélodies autour des cordes
qui ont l'habitude de les répéter, comme les rimes
autour du livre fermé où l'amour et la douleur ont
l'habitude de les chercher pour s'en enivrer et pour
s'en soulager. La fidélité héroïque d'Antigone, la
fureur fatidique de Cassandre, la fièvre dévorante de
Phèdre, la férocité de Médée, le sacrifice d'Iphigé-
nie, Mirrha devant son père, Polyxène et Alceste
devant la mort, Cléopâtre inconstante comme le vent
et la flamme sur le monde, Lady Macbeth, bourreau
voyant aux petites mains et aux grands lis ornés de
perles de rosée et de larmes, Imogène, Juliette,
Mirande et Rosalinde et Jessie et Perdita, les âmes
les plus douces, les plus effroyables et les plus magnifiques étaient en elle, demeuraient dans son corps,
éclataient par sa bouche qui connaissait le miel et le
poison, la coupe ornée de joyaux et la tasse d'écorce.
Ainsi le contour de la substance et de l'âge humain
semblait s'agrandir et se réperpétuer en une immen-
sité sans bornes et sans fin ; cependant ces mondes
infinis, d'une beauté impérissable étaient générés
seulement par le tressaillement d'un muscle, par un
geste, un signe, un linéament, un rien, un battement
de paupières, un faible changement de couleur, un
très petit pli du front, un jeu fugace d'ombre et de

lumière, d'une foudroyante vertu expressive irradiée
dans sa chair petite et frêle. »

« Perdita était ainsi passée comme une force inouïe
au milieu de la foule étonnée, portant le feu et la
flamme. » (1)

De l'art venant à la vie, je dirai comment chez
Gustave Modena l'inspiration tragique se confondant
admirablement avec l'amour de la patrie, il commença
à réciter à Londres les ballades de Berchet pendant
une nuit sombre et triste parmi les exilés italiens. Il
commença à lire tout bas ; mais, peu à peu, son
visage s'anima, sa voix devint haute et colorée ; son
geste admirable, tandis que le silence se faisait profond autour de lui. Tout l'auditoire qui l'écouta vécut
en lui et éclata à la fin en un cri formidable.

Dès cet instant le tragédien se fit le déclamateur
de Dante, non pas qu'il en fit une vide réévocation ;
il fut un déclamateur vif, grand, palpitant de douleur
et de dédain, comme pouvait le comprendre et l'incarner un artiste aussi habile ; il le représenta avec
une science admirable de la personne, de l'habillement et enveloppé dans la couleur du temps (2).

1. D'ANNUNZIO : *Il Fuoco.*
2. M. MODENA écrivait ainsi : « Nos douleurs actuelles
expliquent mieux la Divine Comédie que la parole des

Il n'incarna pas seulement Dante, mais l'héroïque sacrifice d'Artevet ; la personne cruelle, malade, souffrante de Louis XI ; le délire persécuteur de Saül ; tout cela vécut puissamment en lui par une savante multanimité qui de l'artiste se répandit par contagion dans la foule émue et enthousiaste.

Joseph De Marini, — le précurseur de Gustave Modena, — « se sentait le pouvoir de marquer des caractères en tous les états de la vie : un homme, jeune et beau dans le *Bonfild* et dans les *Lindori* de Goldoni, à l'âge de cinquante ans dans le *Père de famille* ; ramolli dans le *Cousin de Lisbonne*. Il affrontait victorieusement même les situations disparates de l'état social (1) », se transformant d'une manière parfaite, de ministre en abbé, en maçon, au point d'être presque méconnaissable, jusqu'au milieu du drame.

Gustave Salvini est doué d'un naturel artistique si exquis, qu'il se transforme non seulement dans l'in-

mortes gloses. Chaque exilé qui descend dans son cœur, y trouve la révélation du but de Dante. Si aujourd'hui son poème n'est pas entendu, il demeurera éternellement une énigme. »

1. G. COSTELLI : *Un precursore di G. Modena.* In *Nuova Antologia*, p. 538, an. 1900, f. 684.

carnation des personnages, mais aussi suivant qu'il passe de la comédie à la tragédie, et dans le même genre — comique ou tragique — sa manière de sentir et d'exprimer varie, selon les époques historiques, et selon les grands auteurs dramatiques, dont il incarne les visions géniales (1).

De C. Coquelin, Edmond De Amicis a écrit, avec son charme habituel plein de profonde pénétration, un portrait littéraire, qui est un véritable « document humain » qui laisse entrevoir la facilité d'incarnation de personnalités différentes et de différents états de conscience du tragédien français.

Quel que soit le personnage, en effet, qu'il représente « il laisse entrevoir qu'il l'a étudié, non seulement dans les manifestations vraisemblables de sa nature, mais aussi dans le mécanisme le plus intime de l'âme, dans la source même de ses plus secrets mécanismes ; et il garde la couleur de chaque caractère même dans les tempêtes les plus violentes de la passion. Après ses premiers mots on ne voit plus le visage de Coquelin ; mais celui du personnage. « L'intérieur domine l'extérieur » comme on disait du fameux Lekain. Il a une manière de composer son

1. E. CORRADINI, ouv. cité, pag. 100.

visage qui corrige tous les défauts de ses traits. Tout cela ne suffirait, cependant pas, à faire de lui un grand artiste, s'il n'avait la première des facultés dramatiques, celle de sentir profondément et vivement. Sa puissance est dans les vibrations, dans la fraîcheur et dans la vigueur du sentiment. Lorsqu'il exprime la douleur, il a vraiment des larmes dans la voix, et des accents profonds d'angoisse, au point qu'il semble saigner au dedans, et qu'une veine de sa poitrine doit se rompre, dans les emportements de rage ou de colère, lorsqu'il descend la rampe, regardant de cet œil gris, dilaté et égaré, semblable à un œil de bête fauve, le corps frémissant, les membres tendus et convulsés.

Dans ces provocations entre gentilshommes, si fréquentes dans les comédies françaises, auxquelles succède le plus souvent un duel à outrance, il a une manière particulière si sèche et si tranchante qu'elle fait de chaque mot un coup de fouet au visage ; et je ne sais quoi de froid et de féroce dans l'aspect et dans les mouvements fait frissonner nos veines et pressentir la mort. Il a des élans d'enthousiasme brûlant, retenus par un art profond qui en double l'efficacité, et des expansions impétueuses d'enjouement, qui font l'effet d'un flot de vent printanier dans le grand théâtre surchargé et chaud qui s'échappe de ses lèvres. »

Avec une émotivité si exquise et si prompte à se manifester par le geste, par la voix, par le visage ; « par toutes les qualités de la nature hors de la beauté »; il a pu incarner dans leurs passions différentes, les types les plus vifs, les plus variés, les plus étincelants de la Comédie française si variée, si riche, et si humaine.

Mocialoff eut des manifestations soudaines et des inégalités psychologiques, comme l'écrit Jakusckin (1), auquel nous empruntons ces lignes :

« Brillant, séduisant, éblouissant, disait Aksakoff, le talent de Mocialoff se développe insciemment, toujours d'une manière inattendue, même lorsqu'on attend moins de la puissance de son génie. C'en est fait, s'il commence à raisonner : il n'est grand que lorsqu'il ne raisonne pas. Son génie est instinctif ; il n'a qu'à apprendre son rôle par cœur et se présenter ; sa réussite sera un enchantement, ou au contraire, sera un désordre. Dans ces moments d'heureuse inspiration il se transformait jusqu'à la folie,

1. Voir *Rivista mod na di cultura*, an. III, f. 7° 8, settembre 1900.

disent ses contemporains, et encore plus loin que la fiction scénique ne le tolérait.

Une fois, dans Richard III, il effraya même le directeur qui allait le chercher pour le conduire à la scène. « Devant lui ce n'était par Mocialoff, mais Richard III, avec le visage atterré par la rage et la colère. On raconte que le jeune Schumsky, acteur célèbre, assis dans l'orchestre, sortit hors de lui à l'apparition de Richard ; et que tous les spectateurs se levèrent effrayés. »

Non moins de crainte il excita, en 1839, à la fin du Roi Lear, chez le comique Sadowsky qui se préparait à réciter dans la farce qui succédait à la tragédie, tant et si bien que Sadowsky oublia sa partie et fut sifflé.

« Lorsque je regardai Mocialoff — raconte Sadowsky — je fus effrayé, et, hors de moi je m'assis sur un banc. Ses yeux brillaient étrangement et son visage avait une expression passionnée. Mocialoff continuait encore à être le Roi Lear, la flamme sacrée n'était pas encore éteinte, quoiqu'il se fût écoulé beaucoup de temps depuis que la tragédie était finie. »

Il est en somme le vrai tragédien génial, comme Salvini est celui de talent, chez qui la personnalité

seconde est le fruit de longues et passionnées études et de lente substitution à sa vraie, à sa propre
personnalité. Tandis que dans le premier la soudaine
évocation est accompagnée d'un grand effort jusqu'à
ce que la personnalité nouvelle s'évanouisse avec la
représentation scénique ; dans l'autre, au contraire,
les puissances les plus fortes de l'esprit font, que
tardant à naitre, la nouvelle personnalité s'alterne et
se superpose à la vraie.

Aussi, pour nous convaincre de la nature géniale
du tragédien russe, il suffira de songer que si un
public hostile l'exaltait, un autre plein d'admiration
le gênait, le décolorait, le rendait affecté. Son œuvre
était inégale. « Il avait toujours des moments, où,
s'élevant à une grande hauteur, il s'emparait de l'âme
des spectateurs et faisait une impression profonde,
inoubliable. Ces moments changeaient et variaient
jusqu'à l'infini, de sorte que dans la représentation
d'un même ouvrage, il réussissait, tantôt une scène,
tantôt une tout autre scène. »

La grandeur de son talent consistait dans son élévation rapide à de nouvelles personnalités, à de forts
états émotionnants, qu'une mobilité extrême de physionomie exprimait et colorait dans toutes les nuances les plus légères, auxquelles se joignait une voix

qui avait, avec toutes les gradations de ton, la plasticité la plus fine et la plus variée de timbre.

Cette faculté, qu'il posséda en maître, lui donnait
un pouvoir absolu sur le public, car le truc n'était
pas savant en lui, quoiqu'il en transformât puissamment la personnalité morale.

Il était gai et joyeux, lorsqu'il s'habillait. Peu à
peu, il devenait sérieux ; il se taisait, la pensée lui
obscurcissait le regard, tout le monde faisait silence
et de la chambre de toilette sortait non pas l'acteur
Mocialoff, mais le prince Hamlet ou le roi Lear.

∴

Multanimité et mémoire émotive.

Nous avons ainsi démontré la multanimité des tragédiens, laquelle, dans les artistes comiques, s'élève
jusqu'à un vrai dédoublement permanent de la personnalité. Deux personnes vivent en eux : celle sombre et taciturne de la vie habituelle ; et celle de la
scène : gaie, bruyante, jaillissante de rayons et
d'étincelles de génialité, débordante d'humorisme.
Ceux qui ont provoqué les éclats de rire de la foule,
n'ont jamais ri pendant leur vie (1) ; ils ont souri

1. LOMBROSO. *L'uomo di genio*, Turino, 1891, p. 20.

quelquefois, comme les poètes satiriques, de ce sourire qui est douleur, comme disait Joseph Giusti, dévoilant un coin de son âme.

Mais, le *meneur*, nous l'avons dit, ne vit pas toujours d'un état second.

Les qualités de sa psyché sont, il est vrai, celles d'une émotivité exagérée, par laquelle ces états émotionaux s'élèvent rapidement et atteignent le faîte le plus haut. Mais, près de cette émotivité, comme qualité non méprisable de leur esprit, existe une haute mémoire émotionale.

Par elle, le tragédien répète d'extérieures expressions et feint des émotions, qui ne sont pas présentes et actives, au moment où il récite ; mais qui existent seulement comme fait mnémonique, comme souvenir plus ou moins réviviscent.

. Déjà, il paraît évident par les fragments des biographies de différents *meneurs*, que nous venons de citer, que les tragédiens peuvent se distinguer en deux catégories : ceux qui atteignirent la multanimité par une étude d'interprétation patiente et passionnée, comme Modena Salvini ; et ceux qui y arrivèrent par le pouvoir naturel, qu'ils possédaient de prendre aisément des personnalités nouvelles, comme Mocialoff.

Les premiers sont des talents, les seconds des génies, et tandis que les uns se servent largement des apparences extérieures et des truquages de l'art, les autres, au contraire, ne recourent que peu et imparfaitement, à ces moyens.

Salvini est un exemple de la première manière : il ne lui suffit pas de connaitre les temps, la légende, l'histoire au milieu desquels vit le personnage ; il se prépare encore à la représentation par un sens plein de religiosité (1). La nouvelle personnalité devient en lui un état *second* de conscience, savamment et volontairement provoqué, sans qu'il ait rien d'impulsif et d'inné. Il est important de savoir comment les plus grands tragédiens arrivent à être les personnages qu'ils représentent. « J'ai remarqué, — écrit M. Coquelin — ceci : Je lis un drame où j'ai un rôle, je vois venir alors le personnage devant moi, vivant, je vois ses gestes, son *tic*, la couleur de son habit. C'est une évocation, c'est une vision immédiate. Dès que je commence à étudier le rôle, pendant toute la durée d'entrée dans le cerveau, d'emmagasinage dans la tête (période de la partie apprise par cœur), la vision s'évanouit. Je suis plein d'inquiétudes, de

1. E. CORRADINI, ouv. cité, p. 102.

trouble : les jours s'écoulent, le travail de gestation s'accomplit en moi. Un matin, tout à coup, la vision reparait, le personnage est revenu, je le conduis au théàtre et il me fait mouvoir comme je veux (1). »

Chez Sarah Bernhardt le procédé de prendre des personnalités nouvelles est encore plus long et plus difficile. Elle écrit : « Pour réussir à être, dans la manière de se promener, de faire des gestes et de parler, à la façon non de Sarah Bernhardt, mais du duc de Reichstadt, je me suis fait faire ses habits, et pendant trois mois je les ai portés chez moi, à tous les moments où je n'étais pas en scène ou dans la rue. Mon secrétaire, mes amis, ma femme de chambre, toutes les personnes à mon service, avaient les instructions d'agir avec moi comme si j'étais le duc de Reichstadt lui-même. Je déjeunais avec le manteau et l'épée, et le maitre d'hôtel me disait : Votre Altesse est servie, et je vécus ainsi pendant trois mois. Lorsque je m'éveillais, le matin, je voyais le blanc habit du Prince, son épée, ses bottes. Immédiatement je n'étais plus Sarah Bernhardt; je me trouvais dans la chambre déserte de Schœnbrunn.

1. CÉSAR LOMBROSO, dans l' *Inconsciente nel genio*, en *Rivista d'Italia*, aprile 1901, p. 653.

Pendant les trois mois précédant la première représentation de l'*Aiglon*, je vécus plutôt la vie du héros de Rostand, que la mienne. Une nuit à Versailles, je sortis à cheval avec les bottes, les éperons, le manteau et l'épée. Cette nuit-là, j'éprouvais les sensations qu'il doit avoir éprouvées pendant la nuit de sa fuite, en cette nuit le fils de Napoléon et moi nous montions le même cheval. J'avais appris à me promener et à parler comme il devait parler et se promener. Je pensais comme il doit avoir pensé. Réellement pendant ces trois mois je ne pouvais pas songer à autre chose. J'étais l'Aiglon, pauvre jeune homme mourant, exilé, dans l'Autriche lointaine. Je crois même que mon visage était devenu un peu comme le sien (1). »

César Rossi écrit que Gustavo Modena divisait les tragédiens en deux catégories : « ceux qui exercent leur art par esprit d'imitation et ceux qui l'exercent par esprit et intuition propre. »

Il était de ces derniers; mais non content de cette inspiration naturelle, il étudiait longuement le type qu'il devait incarner, en le cherchant dans les mots,

1. Interview de la *Saturday Evening Post* de Philadelphie.

5

dans les scènes, où l'auteur avait su mieux le saisir et le représenter (1).

Par un haut pouvoir d'abstraction, fruit d'une longue et laborieuse éducation, il se transportait loin de son siècle dans l'atmosphère sociale et morale, où ses personnages avaient vécu, pour les mieux entendre et se transformer en eux.

« Modena — écrit un critique allemand — est tout entier le sujet qu'il représente. Son âme détachée du monde présent, recherche les types qu'elle aimait à la folie dans les temps passés. A l'aide de ces facultés, lorsqu'il récite *Saül*, il ne suit pas Alfieri, mais il étudie, comme l'auteur l'étudia, le personnage de la Bible. Ecartant les trente siècles, qui nous en séparent, il se plonge dans la société, et les temps de son sujet, avec toute la puissance enquêteuse du génie, et il y vit, il rend permanente l'inspiration qu'il y puise et re'ient à nous, non imitateur, ou explicateur de Saül, mais Saül même.

Déclamant Dante, il vit dans la ville de Florence du XIIIe siècle, au sein de ces grandes agitations, dans cette plénitude de vie populaire, où Dante naquit et

---

1. Commission éditrice des écrits de J. Mazzini, Gustavo Modena, *Politica ed arte*, Roma, 1888, p. CIX.

où seulement il pouvait grandir ; six siècles ne se sont pas écoulés car il rend la parole frémissante de toute la vie nationale de ces temps troublés. La parole qu'il emprunte à ses anciens héros, le rend ancien lui-même dans la marche, dans la voix, dans les mouvements et tout le revêt de la grandeur des siècles. L'auditoire, transformé aussitôt par le prodigieux pouvoir que l'artiste y exerce devient sous son charme le peuple d'Israël, ou le peuple italiennement turbulent : la faction nationale de Florence (1). »

Mimique, truc, fiction scénique. — Mais, soit que le tragédien vive d'un état *second*, soit qu'il revive des états de conscience, éprouvés jadis, soit, comme il arrive le plus souvent, qu'il vive alternativement et simultanément, de ces deux états distincts de conscience, il est certain que son âme se manifeste surtout par les mouvements du visage.

Ces mouvements sont le moyen le plus puissant de suggestion des *meneurs* sur la foule. Tous ceux qui ont parlé des grands tragédiens qui laissèrent dans l'âme de la foule la trace d'un souvenir se sont appuyés sur cette qualité d'une mimique variée, mobile, expressive des mouvements les plus légers

1. Extrait de l'*Unità italiana*, 1863.

et les plus inaperçus de l'esprit ; auxquels se joint quelquefois la beauté, l'adresse et l'élégance de l'artiste.

Le plus beau parmi les tragédiens fut Joseph De Marini, dont « les membres semblaient sculptés par Phidias et dont les traits du visage, quoique très réguliers, reproduisaient avec une merveilleuse facilité toute la gamme des passions humaines. Ses lèvres se prêtaient au sourire et à la joie, comme à l'ironie, à l'angoisse, ou au mépris. Dans les moments de passion les larmes coulaient vraiment, arrosant ses joues, comme dans l'horreur tragique ses cheveux se hérissaient sur sa tête (1). »

A la suggestion que les tragédiens exercent admirablement par leur personne concourent encore le truc et la représentation scénique des temps et des lieux.

Le costume, en effet, est une large source de nouveaux états de conscience de la psyché individuelle, non moins que de la collective (2), et il me souvient d'une scène de Daudet, où le phénomène de la transfiguration, pour ainsi dire, de la personna-

1. G. CASTELLI. Un precursore di Gustavo Modena, ouv. cité.

2. P. ROSSI. Psicologia collectiva morbosa, p. 130 e seg., Bocca, 1901.

lité causée par le costume, a été étudiée finement dans le double effet psychologique de celui qui le porte et de celui qui en est spectateur.

Dans ce chef-d'œuvre qu'est Numa Roumestan, Daudet nous présente la scène de Valmajour, où le pauvre paysan, arrive à Paris précisément au jour et à l'heure où son député, qu'il tutoyait, là-bas dans sa province lointaine, est élevé au ministère, et s'apprête pour se rendre à l'Elysée. Mais comme l'habillement ordinaire a fait place à l'habit noir, dignement sévère, aux brillantes manières, aux boutons de diamants, aux solennels insignes de chevalerie, le paysan devient timide, reste confondu, ne sait quoi dire ; tandis que l'autre sent naître je ne sais quoi de nouveau et de grave, qu'il appelle son air de ministre (1). »

Cette suggestion du costume est si vraie, que nous pouvons faire nous-mêmes les fines observations de M. Croce, lorsqu'il écrit que « la prédilection des masques ou des types fixes a ses bonnes raisons. Le nom et l'habillement ont non seulement une propre raison symbolique, mais ils s'imprègnent encore,

1. AL. DAUDET. Numa Roumestan, trad. ital., Trèves, 1881, p. 82-83.

pour ainsi dire, des représentations artistiques où
ils ont été employés ; et ils apportent ainsi des associations d'idées.

C'est cet effet que les acteurs comiques comptent
obtenir, lorsqu'ils s'annoncent et se présentent sur
la scène dans un costume grotesque. Et ils l'atteignent, parce qu'ils sont reçus aussitôt par des éclats
de rire et des applaudissements (1).

Les « meneurs » tragiques et l'intuition de l'art.

— L'art, encore une fois, a eu ses intuitions devan-
cières sur la psychologie particulière des *meneurs*
tragiques. Hall Caine, dans un roman qui a eu en
Angleterre et en Amérique un charmant et bruyant
succès et qui l'aura en Italie, où il paraît dans une
jolie traduction d'Hugues Ojetti demande à la foule
son inspiration.

Deux faits sont, pour ainsi dire, les motifs psycho-
collectifs qui dominent dans le roman *Le Chrétien*,
si suggestif par de hauts buts moraux et religieux :
la vie de Glory et une épidémie mystique à Londres.

1. BENOIT CROCE. *Pulcinella*, Lœscher, 1899, page 9,
Roma.

Laissant de côté la dernière, revenons à Glory, la petite fille qui a hérité de sa grand'mère, une célèbre artiste française, de la disposition naturelle à l'art tragique. Par conséquent, deux êtres vivent en elle : « Dans les moments les plus sombres, dit-elle, lorsque je pleurais de désespoir, il était en moi une autre personne qui riait. Et maintenant c'est la même chose ; ce n'est pas moi, ce n'est pas moi qui passe ce bourbier. C'est une autre moi-même, une personne inférieure à moi, j'en suis d'accord, mais je n'en suis pas souillée. »

Le naturel artistique lui donne des révélations profondes sur la psyché des *meneurs* orateurs, lorsqu'elle sent que leur force suggestive réside dans l'intensité du sentiment qui les agite et les émeut ; ou lorsque pour la première fois elle va au théâtre écouter l'ouvrage de Shakespeare : *Much ado for nothing*, elle sent dans une insciente transfiguration que sa vie est sur la scène, vêtue de couleurs magnifiques avec un autre visage, riant et plaisantant avec Benoît. »

Elle a de la tragédienne le dédoublement de personnalité, qui se révèle à elle-même la première fois qu'elle récite, lorsque dans un *état second*, elle sent « sa voix dire » : Messieurs et Mesdames, avec votre

permission, je vous donnerai une parodie... » Elle a
encore de la tragédienne la nature multanime, le
pouvoir de prendre d'autres personnalités, de se
transformer dans les personnages idéaux des chansons qu'elle chante. Or qu'elle imite une de ces petites
couturières qui sortant le soir du magasin, s'en vont
deux à deux vers leurs demeures, avec leurs grands
chapeaux garnis de plumes et de rubans, leurs
voix perçantes et leurs mouvements vulgaires, ou
qu'elle imite la gaîté de la jeunesse, la lassitude de la
vieillesse, l'incertaine féminité d'une petite fille, ou
l'inconstante coquetterie d'une femme » ; elle
enflamme de délire la foule, au bruit des baisers, par
lesquels se closent ses chansons et qui reviennent à
elle répétés par des milliers de lèvres.   •

Deux femmes vivent en elle : la fille de son père,
le pasteur évangélique mort dans la lointaine mission ;
et la petite fille de sa grand'mère, la grande tragédienne. Du premier elle a l'amour ascétique pour
Jean Storn et avec lui elle rêve à la grande œuvre
de rédemption humaine, accomplie au nom de Jésus,
dans les quartiers pauvres de Londres ; de la seconde
elle a toutes les inégalités psychiques, jointes au
désir brûlant de vivre et de dominer sur la scène,
dans un rêve de volupté et d'ivresse, dominatrice

et ouvrière créant en un même temps des passions diflérentes, magnifiquement présentées à la foule.

II

CHANTEURS ET MUSICIENS.

Près des tragédiens, et peut-être plus que l'on ne le croit, sont les artistes chanteurs et les grands maîtres de la musique. Ces derniers se placent entre les *meneurs médiats* et les *meneurs immédiats*, ils ont toutes les inégalités psychologiques des tragédiens, par lesquelles ils agissent puissamment sur la foule.

Dédoublement et contraste. — Les maîtres les plus grands et les plus efficaces de l'art musical montrent un contraste remarquable entre l'austérité sévère — dirais-je presque brutale — du visage et l'onde fraîche, géniale, mélodique de leur musique. Tels furent Richard Wagner, Beethoven, Bach, Braahms, comparés à d'autres comme Chopin, Schuman, Donizzetti, Bellini, Verdi, qui, selon un critique compétent (1), s'approchèrent le plus de la psyché féminine.

Les meilleurs ouvrages de Beethoven florissaient

1. Padovan. *I figli della gloria*, Hoepli, 1891, p. 72.

dans son cœur, quand, de jour en jour, l'oreille devenait insensible à tout bruit et que l'âme s'éloignait de la joie, plongée dans une profonde et croissante méfiance.

Souvent le contraste n'est pas entre le musicien et son œuvre, mais entre celle-ci et le ton général des temps. Rossini fut la personnification la plus fidèle de ce dualisme entre les vicissitudes sinistres des hommes et des choses et le jet gai, joyeux, badin d'une inspiration musicale, qui convenait admirablement à sa vie de vagabond et de viveur à la fois (1).

Cimarosa, qui vécut dans une époque de combat pour sa patrie, sut être le maître de la gaîté : « le gai napolitain à la bouche de rose », comme on l'appelait en France.

Ce qui n'empêcha pas que par cette multanimité géniale dont nous avons parlé, il s'éleva à la note passionnelle de l'ouvrage sérieux.

MULTANIMITÉ. — A l'aide de sa constitution anthropologique, le *meneur* musical s'élève à une multanimité, qui a les mêmes mouvements et la même instantanéité que la multanimité des tragédiens : en un mot toutes les mêmes inégalités psychologiques.

1. E. CHECCHI. *Rossini*, Firenze, 1898.

Retournant, ainsi, à Beethoven, il nous est facile de comprendre comment en lui, sourd, toute sensation « acquérait la forme harmonique », et comment il exposait « ses propres chagrins, en des pensées musicales », correspondantes aux inspirations et aux aspects de la nature (1).

Semblable en cela à Milton, auquel sourirent des superbes visions de cieux et de drames célestes, lorsque les ténèbres épaisses tombèrent sur ses yeux (2).

On sait que Gaétan Donizzetti, enfant, était ému par les représentations théâtrales jusqu'à perdre le sommeil ; et que les grandes ovations, auxquelles il fut habitué depuis son adolescence, lui donnaient la fièvre pendant quelques jours, tandis que son âme passait de la tristesse la plus sombre à la gaîté la plus bruyante et sa création avait toute la spontanéité et toute la rapidité d'un songe (3).

Or, les musiciens arrivent à la multanimité géniale par des routes opposées ; les uns, plus privilégiés, y arrivent par une facile et abondante inspiration

1. PADOVAN, ouvrage cité, p. 80.
2. B. ZUMBINI. *Studii di letterature straniere*, p. 42, 43, Firenze, 1893.
3. G. ANTONINI. *Un episodio emotivo di G. Donizzelli.*

mélodique ; les autres, par une longue et sévère
éducation de l'âme naturellement prédisposée à
l'harmonie.

Les œuvres de Rossini appartiennent à la première
manière : la sortie de *Tancredi* « une des plus populaires, des plus éclatantes par le charme mélodique »,
comme le dit un critique, fut écrite dans les moments
qui précédaient le dîner, tandis qu'on réchauffait le
potage de riz : d'où elle fut dite *l'air des riz.*

Toutes ses œuvres furent écrites vers les premières heures du matin. En effet, après un vagabondage
gai et bruyant de toute la nuit par les rues de la ville,
parmi d'étranges aventures d'amis, de femmes, de
dîners, il se retirait à la maison et écrivait furieu-
sement, des notes musicales, qu'il n'avait pas le
temps de relire, ni même de méditer (1).

Mozart écrivit son *Don Juan* dans un des moments
les plus troublés de sa vie, par des sensations con-
traires. Son père était mort quand il allait composer
le livret et cette circonstance concourait à mettre en
relief les deux natures, qui se succédèrent en lui, par
un dédoublement de conscience : l'une, faite de soif
brûlante de volupté et de plaisirs ; l'autre de médi-

1. E. CHECCHI. *Rossini,* ouvrage cité, ch. II.

tations étranges sur la douleur et sur la mort. C'est dans ces conditions d'esprit, rendues plus aiguës par le malheur récent et par la joyeuse attente des amis à l'égard du nouveau chef-d'œuvre, que *Don Juan* parut. Pendant le jour, Mozart se livre, avec ses amis, à la vie gaie et aventureuse, mais, à la nuit close, dans le silence de l'étude, la douleur revient en son âme avec les larmes, tandis qu'il jette nerveusement sur le papier les notes gaies de *Don Juan* (1).

Mais la multanimité des musiciens se révèle aussi, dans une manière nouvelle et différente. Tandis que le tragédien multanime évoque des passions définies de rage, de haine, d'amour, de tendresse, qui s'enflamment dans son âme, et de celle-ci se communiquent à la foule, le musicien évoque des sons auxquels l'indéterminé, le vague, donnent un prix, jusqu'à ce qu'ils prennent forme et sensation variées dans l'âme de ceux qui écoutent et entendent, et que, dans un même individu, ils se colorent différemment, selon le temps et selon le ton affectif dominant. D'où il résulte que les plus grands musiciens ne furent pas ceux qui engendrèrent toujours la même émotion, plus ou

1. Italo Giuffré : *Divagazioni artistiche e letterarie* , Messina, 1900.

moins forte, comme Bach, Chopin, Mozart; mais
ceux qui, au contraire, comme Beethoven, à peu
d'heures et de jours de distance, surent éveiller des
émotions toujours nouvelles (1).

C'est pour cela, peut-être, que Beethoven écrivait:
« Dans mon art, Dieu est plus près de l'esprit que
dans tous les autres arts. La musique a par elle-
même quelque chose d'éternel, d'infini, qui ne se
laisse pas saisir au moyen des sens. Elle est le seul
véhicule pour pénétrer dans un monde supérieur :
elle est le pressentiment des choses célestes. »

Cependant, il ne suffit pas de savoir, pour le but de

---

1. PADOVAN, ouv. cité, 85, 86. « Une musique, — écrit
Charles Cantoni, — n'est pas d'autant plus belle, parce
qu'elle nous représente quelques objets plus détermi-
nément, mais parce qu'elle nous laisse vaguer et nous berce
plus vivement l'esprit, dirais-je, dans une foule d'idées, qui
ont pour nous un grand intérêt. Nous ne préférons pas
entendre plus fréquemment la musique qui imite l'éclat
d'une tempête, l'approche d'une armée, les gémissements
d'un moribond, ou les emportements du dédain; si cette
espèce de musique ne fait sur nous une impression durable; mais nous préférons celle qui fait livrer l'esprit à une
foule variée d'idées, d'images, de sentiments et de désirs;
celle qui nous fait saisir le sentiment de l'infini, décrit
avec tant de force et de chaleur, par Leopardi dans sa
courte, mais très jolie poésie de l'Infini. » Voir : *Aversa a
Domenico Cimarosa*, p. 181.

notre étude, par quels faits de constitution anthropologique et de multanimité, les *meneurs* musicaux réussissent à s'imposer à la foule et à la fasciner ; mais il faut savoir encore une autre chose.

Nous n'avons pas dit, et cela avec intention, qu'ils sont des *meneurs* particuliers, parce qu'ils ne manifestent des états d'âme qu'au moyen d'autres *meneurs* immédiats, comme les chanteurs et les chefs d'orchestre. Maintenant, il nous faut parler de ceux-ci et de la musique, comme source d'émotions collectives.

LA MUSIQUE ET LA FOULE. — La pensée scientifique actuelle, dans sa manie investigatrice, a entassé une large moisson d'études, d'observations et d'essais sur l'action de la musique sur le système nerveux.

Le thème n'était pas nouveau, du moins dans les applications pratiques, car depuis longtemps, on connaissait l'efficacité de l'art divin sur la culture des célèbres sociétés.

Ces nouvelles études commencèrent, on peut le dire, en des temps tout près de nous par une floraison de recherches sur l'effet psychologique de la musique sur le système nerveux et quelquefois, non pas seulement sur un seul sujet, mais sur un couple marquant ainsi le commencement des pre-

mières recherches sur les formes élémentaires psycho-collectives (1).

Il faut arriver à notre temps pour que ces essais
incertains reçoivent une plus grande vigueur par la
nouvelle direction de la science psycho-physiolo-
gique, et deviennent tout un cycle d'études et de
recherches, dont un des efforts les plus hauts et les
plus connus, est le livre magnifique de de Rochas :
Les sentiments, la musique et le geste.

Le livre tire son importance des observations expérimentales sur la musique, comme moyen de suggestion sur les sujets hypnotisés. De là vient que non
seulement les tons isolés, mais encore ceux qui sont
liés successivement par rapport ascendant et des-
cendant, comme les marches, les danses différemment gesticulées, les musiques passionnelles éveillent
des sentiments indéfinis et des émotions variées,
qui se manifestent par des mouvements et des gestes
pleins d'émotions, par suite du manque de pouvoir
d'inhibition de l'hypnose.

Si de la suggestion que la musique exerce sur une
personne en hypnose, nous passons à la suggestion
sur deux ou plusieurs personnes (couple ou société),

1. Décade philosophique, 20 therm., VI.

il est important pour nous de noter ici l'observation du D' de Spine, (sur laquelle nous nous sommes attardé dans un de nos ouvrages)(1), qui est relative à trois jeunes filles hystériques plongées dans l'hypnose et soumises à la suggestion d'une musique intense, de tons et de motifs différents, laquelle eut l'effet d'éveiller des sentiments et des expressions semblables chez toutes les trois, donnant ainsi à l'essai une importance psycho-collective.

M. de Rochas ne dit pas, mais il est sous-entendu, par les études modernes sur la question, que si la musique a un pouvoir si suggestif de se répandre et de s'extrinséquer passionnellement sur l'individu, ce pouvoir est dû au manque de pouvoir d'inhibition de l'hypnose.

« Non différemment, ajoute-t-il, de ce qui arrive à l'individu, qui, lorsqu'il est plongé depuis quelque temps au sein d'une foule agissante, se trouve bientôt placé dans un état particulier qui se rapproche beaucoup de l'état de fascination, où se trouve l'hypnotisé entre les mains de l'hypnotiseur (Lebon). »

La conclusion finale qu'il nous importe de poser, c'est que la foule, sous la suggestion musicale, agit

1. *Psicologia collettiva morbosa*, p. 10.

comme une personne hypnotisée, d'où s'éveillent en elle des émotions variées, qui, par le pouvoir diminué d'arrêt, cherchent à se manifester par des gestes et des mouvements passionnels. Cette vérité a été reconnue et confirmée même par M. Gevaert, directeur du conservatoire royal de Bruxelles, dans la conférence sur la « Mission de la musique au XIX° siècle (1). »

Nous parlerons plus loin de la suggestion collective ; il nous reste maintenant à remarquer comment la foule, qui assiste à un concert musical, se trouve dans les conditions de recueillement, par lesquelles les sentiments des personnes les plus sensibles se répandent autour d'elles, se rencontrent et se fondent en un seul sentiment, celui de la foule multanime. Jusqu'à présent, nous avons imaginé le cas le plus simple, tel que celui d'une foule sous l'empire de l'onde musicale, sortant d'un seul instrument. Mais il est facile de comprendre comment de cette simple, et cependant puissante forme de suggestion, on passe aux autres formes plus complexes et plus riches, du charme de l'orchestre, du chœur, du chant et de la représentation scénique.

1. MONALDI, *Verdi*, p. 43, Torino, 1890.

Wagner comprit bien cela, dans son originalité rénovatrice, lorsqu'il écrivit que tous les arts (musique, danse, architecture) devaient se réunir, à l'avenir, autour du drame, et que la parole devait se lier à la mélodie « par une liaison homogène » comme le dit un critique.

Déjà M. de Rochas remarqua l'influence que la musique, accompagnée du chant, exerçait sur son sujet. « Quand, écrit-il, à la musique se joint le chant dans une langue que le sujet comprend, l'effet est à la fois intellectuel et sensitif. »

Et M. Padovan ajoute (1) : « Les mélodies, unies aux péripéties du drame, renforcent l'excitation qui dérive de celles-là, elles donnent de l'éclat aux passions simulées des acteurs, de sorte que nous éprouvons à la fois le charme de l'action scénique et de l'audition musicale.

Enfin quelques mélodies exécutées par plusieurs instruments variés mêlés ensemble, des mélodies très pures et divines qui s'entrelacent, se groupent, s'identifient, se confondent, se poursuivant, s'éloignant, disparaissant pour renaître encore plus riches, plus variées, plus éblouissantes, garnies de

1. PADOVAN, ouv. cité, p. 61 et 62.

tous les commentaires d'orchestre comme les soupirs
des violons, les gémissements des violoncelles, les
bruissements des contre-basses, les modulations des
flûtes, les trilles des clarinettes, les éclats des trom-
pettes, nous portent par les champs immenses de
l'inconnu, où l'auditoire attentif goûte l'extase dans
toute sa plénitude. Voilà le génie de Beethoven, de
Braahms, voilà la musique symphonique. »

Un petit nombre parmi les grands *meneurs* musicaux comprit, tout aussi bien que Peter Benoit, que
tout art est l'expression collective de l'âme d'un
peuple et peu d'entre eux surent comme lui l'inter-
préter au moyen d'une musique, éminemment
orchestrale « écrite, pour le grand air et pour être
exécutée par des légions de musiciens, plusieurs
chœurs, plusieurs orchestres, devant toute une population, tout un pays. On ne pourrait pas décrire,
sans y avoir assisté, l'effet formidable de ces grands
orateurs musicaux et de ces monumentales cantates
de circonstance sur un public idolâtre que le prestige,
la popularité, le fluide du maître aurait pu entraîner
à des entreprises épiques comme la parole d'un
tribun. »

Il faut, par exemple, se souvenir de la *Cantate à
Rubens* exécutée au troisième centenaire du peintre

sur la Place Verte d'Anvers, aux pieds de la Cathé-
drale, tandis que de la tour les fanfares de clairons
thébains proclamaient la gloire artistique des
Flandres. Benoit savait admirablement diriger les
foules dans le déploiement des larges tableaux lyri-
ques, presque des fresques musicales, ou mieux
encore des panoramas polyphoniques (1). »

Certainement, nous comprendrions peu la présente
suggestion musicale, si nous faisions abstraction des
puissants *meneurs* immédiats qui portent à la foule
l'onde mélodique, qui résonna dans l'âme des grands
maîtres, qui se mêle à la parole, qui devient symphonique avec l'orchestre, et qui atteint une puissance inconnue dans la fiction scénique.

Tous les grands maîtres de la musique eurent
jadis, et ils ont encore à présent, leurs *meneurs*
immédiats, qui communiquent à la foule leurs
superbes conceptions par un procédé d'identification
et de transformation de leur personnalité dans celle
de ceux qui exécutent leurs œuvres. D'où il ressort
que le travail de ces derniers est un travail d'*interprétation*.

1. Georges Eekhoud, *Rassegna belga* in *Rassegna
internazionale della letteratura, etcetera*, p. 186, mag.
1911, Firenze.

Les critiques d'art comprirent bien qu'il fallait aux artistes de chant, qui atteignirent une haute renommée, non seulement les qualités d'une bonne voix — *une voix authentique* — comme on dit en jargon musical, mais encore la multanimité facile et haute des tragédiens, desquels ils ont du reste toutes les inégalités psychiques.

On a dit des premiers et des plus grands artistes qui interprétèrent les œuvres de Verdi : « C'étaient des larges figures sympathiques, ouvertes, étranges dans l'excentricité irrésistible qui se montrait jusque dans les vêtements qu'ils portaient hors de scène : francs, cordiaux, généreux, emphatiques dans la parole, exagérés dans les expressions, suggestifs dans l'enthousiasme (1). »

Passant des chanteurs aux chefs d'orchestre, nous pouvons faire la même observation. Monaldi, dans son livre sur Verdi, nous dit comment le succès de *Don Carlos*, qui était tombé à Paris, fut l'œuvre de Mariani. Il était le directeur de génie, l'interprète, le collaborateur du grand maître, son âme congéniale ; il en recevait l'inspiration et la transmettait à

1. *Gli esecutori dei melodrammi verdiani*, in *Natura ed arte*, 15 febb. 1901, p. 397.

l'orchestre avec une telle rapidité qu'on eût dit qu'un
esprit invisible soufflait dans ce corps immense,
d'où se dégageait un si grand trésor d'harmonie.

Souvent c'était une heureuse innovation au temps
et à la partition qui jaillissait, aussitôt, dans le
théâtre devant la foule applaudissante, et qui changeait, prenant des mouvements variés et différents,
dans les représentations successives (1).

Cette vertu, plus que la fraîcheur naturelle de l'interprétation, tire son origine de l'étude amoureuse
et intense de l'œuvre, avivée par la congénialité qui
unit l'interprète au maître, et qui se réfléchit dans
un petit nombre des compositions de ce dernier. La
même chose a lieu pour les tragédiens.

La fiction scénique contribue à augmenter la suggestion des *meneurs* ; c'est elle, qui, appelant la
couleur du temps — un temps bien lointain — et
pour cela plus séduisant, plonge l'âme dans l'infini
du rêve.

Les modernes ont bien compris cette nouvelle et
croissante nécessité des foules, qui par leur plus
grande érudition historique et artistique, sentent
mieux aujourd'hui que dans les temps écoulés, l'at-

1. MONALDI, *Verdi*, p. 194, 195, Bocca, 1899.

trait d'une plus exacte et plus fastueuse représentation, d'où se dégage un charme immense, fait de
doux importants besoins de l'âme humaine. Le premier c'est d'abord la séduction que le spectacle d'autres gens et d'autres civilisations exerce sur les
âmes. C'est par lui que nous palpitons devant les
tableaux des villes exhumées, qui parlent de leurs
ruines, de leurs anciennes histoires, et des passions
de leurs populations disparues.

Le second c'est le besoin de se bercer, même pendant un instant, dans une vie différente de la vie
habituelle ; de jouir, même en rêve, de la pourpre,
de l'or, de l'éclat éblouissant des scènes ensoleillées
que la douloureuse vie d'aujourd'hui refuse à la
foule.

C'est ce besoin qui fit que cette noblesse française
raffinée et sensitive du siècle passé se berçait dans
l'état de nature de Jean-Jacques et dans le roman-
tisme de Bernardin de Saint-Pierre.

L'un et l'autre sentiment forment le charme de la
fiction scénique où la foule se berce ; ils prennent
leur source du besoin des sentiments de contraste, si
actif dans l'âme humaine, laquelle par la fiction se
réfugie du présent, quel qu'il soit, dans un monde
vaporeux et lointain comme un mirage.

Une autre circonstance qui contribue à augmenter la suggestion musicale c'est la correspondance qui existe entre les sentiments inspirateurs de la musique et l'âme populaire. Car ce souffle, nécessaire à toute forme d'art et qui agit d'une manière immédiate sur les foules, devient visible ici, plus que dans les autres cas. Dans l'histoire de Monge écrite par Arago, il y a une anecdote qui prouve clairement la correspondance entre l'âme collective et l'inspiration musicale.

Un soir, sur une place du Caire, un orchestre exécutait les symphonies les plus belles et les plus magistrales, sans qu'un seul frémissement eût traversé la foule. Mais quand cet orchestre joua un air arabe, alors un frémissement agita cette foule, qui parut vouloir se livrer au tourbillon d'une danse frémissante (1).

La grande popularité de Verdi trouve sa justification non seulement dans les qualités intrinsèques de son art, mais aussi dans son intime correspondance avec les inspirations de l'âme populaire et les faits de son temps.

Ses biographes nous parlent de ces enthousiasmes

1. A. DE ROCHAS, ouvrage cité, p. 203.

chauds et exultants d'amour pour la patrie, que sa musique éveillait à tous les instants, en dépit des censures vigilantes et des agents de police attentifs, alors que le parterre frémissait comme un seul être. De sorte qu'on a pu dire qu'il semblait que les destinées de la patrie se groupaient dans son nom, par une harmonie mystique de voix.

Son œuvre réfléchit largement, dans son souffle sublime, les vicissitudes infinies de l'âme populaire. En 1849 sous la République romaine il rappelle dans son œuvre les remembrances de Legnano. L'atmosphère enflammée des journées de 1849 s'éteint sous la voix fatiguée des espérances envolées, il nous donne alors la musique reposée et tranquille de *Luisa Miller* ; pour s'élever ensuite aux impétueuses et bouleversantes notes du *Trovatore*, lorsque l'âme populaire se soulève de nouveau, se berçant de nouvelles et capricieuses promesses pour l'avenir.

De même, on juge que la raison du succès de Jacques Puccini repose dans l'entière correspondance de son art avec le goût musical de la nation (1).

Antoine Tari, dans ses subtiles pénétrations esthétiques, remarque à propos de la musique joyeuse et

1. *Rassegna internazionale*, 15 giugno 1911, p. 356.

de l'œuvre comique, qu'elles répondent aux inégalités de caractère des races méridionales, désireuses des extrêmes: « à la paradoxale humanité méridionale », comme il s'exprime lui-même ; pressentant, ainsi, les modernes études anthropologiques et l'œuvre artistique de Daudet sur la psychologie du midi (1). C'est seulement ainsi que nous pouvons nous rendre compte des fortes impressions que les œuvres musicales ont toujours exercées. Le mélodrame de Paisiello *Nina pazza per amore* éveilla à Turin un vrai délire collectif non différemment de ce qui arrivait en Grèce aux drames de Sophocle (2).

Mais si la correspondance entre l'inspiration et l'âme collective est nécessaire, elle n'est pas indispensable. Quelques grands maîtres, Wagner par exemple, surent imposer à la foule la nouvelle pensée esthétique et l'initier des anciennes manières de l'art au goût des nouvelles et radieuses conceptions.

On a voulu voir en cela une différence entre le

1. PROCIDA. *Cimarosa e Tari* in *Aversa a Domenico Cimarosa*, ouv. cité, p. 328.

2. MONALDI. *Verdi*, ouv. cité. *Aversa a D. Cimarosa*, p. 266.

talent qui élève à une grande hauteur l'indistinct et inscient sentiment collectif, et le génie qui donne à ce sentiment des expressions nouvelles et inusitées.

Il me semble que ce que je viens d'écrire peut encore contenir la réponse à ceux qui disent que, dans les arts immédiats, le succès du *meneur* est plus que dans l'élévation de la foule vers les pinacles de l'art et de la pensée, mais qu'il repose encore dans son abaissement jusqu'à elles, en flattant ses imperfections et ses faiblesses (1).

Or cette idée, qui contient une grande partie de la vérité, n'est aussi absolue que par une opinion préconçue sur l'infériorité de la foule. Celle-ci, dans sa forme primitive et grossière, demeure bien souvent au-dessous du *meneur* supérieur et célèbre : c'est ce qui arrive à l'inculte psyché individuelle par rapport aux finesses psychologiques de Skakespeare ou d'Homère.

La foule s'élèvera jusqu'à la folie douteuse d'Hamlet, et jusqu'aux hallucinations de Macbeth, lorsqu'une éducation esthétique en aura relevé le goût et le discernement critique. De la même manière une foule, choisie et instruite par un long et savant

1. G. PIAZZI. *L'arte nella folla*, parte III, Sandron, 1899.

travail individuel et collectif, suivra le *meneur* au milieu des visions de l'âme artistique, car elle nous semble bien vraie l'opinion de M. Mosso que « la civilisation dans son progrès améliore la psychologie de la foule (1). »

III

LES ORATEURS

La psychologie des orateurs desquels nous allons nous occuper maintenant, fait partie de nos études. Ce sont des *meneurs* immédiats autant que les tragédiens, mais ils sont en comparaison de ceux-ci, moins riches de puissance suggestive et de truquage.

En vérité, chez eux, le problème se déplace un peu de ces limites et de ces bords que nous avions tracés dans nos précédentes remarques. Leur multanimité est différente, parce qu'ils n'interprètent pas plus ou moins génialement l'œuvre des autres, mais parce qu'ils sont en même temps les artisans et les révélateurs de leur propre émotivité, ce sont des artistes

1. A. Mosso. *La democrazia nella religione e nella scienza*, pag. 26, Treves, Milano, 1901.

et des *meneurs*. Ils ont, en effet, des premiers ce qu'un physiologiste (qui est encore un critique et un homme de lettres) appelle la « mémoire des sens spécifiques, qui fait monnaie de sons, de couleurs et d'autres perceptions », et par laquelle le cerveau est toujours conduit à personnifier, à graver et à rendre sensible l'idée; il a, pourrait-on dire, une tendance iconographique (1). Des seconds, ils ont la multanimité immédiate, qui est souvent une mémoire émotive, et qui s'élève des profondeurs psycho-anthropologiques.

Cette psychologie et ces rapprochements n'étaient pas inconnus à l'art dans son extrême sensibilité devancière.

Gabriel d'Annunzio dans son *Fuoco*, qui est toute une fine intuition de l'âme collective, rapproche ainsi les sentiments de *Perdita*, la tragédienne, de ceux de *Stelio*, l'orateur et l'artiste.

« Ce qui rendait sa peine plus grave c'était de reconnaitre une analogie vague entre ce sentiment agité et l'anxiété qui s'emparait de Perdita *au moment où elle entrait dans la fiction scénique*

---

1. PATRIZI. *Saggio psico-antropologico su Giacomo Leopardi*, p. 103-05, Bocca, 1896.

pour incarner une sublime création de l'art. Est-ce qu'il ne l'attirait pas à vivre dans la même zone de vie supérieure ? Est-ce qu'il ne la couvrait pas de métamorphoses splendides, pour qu'elle y pût figurer *oublieuse de sa personne quotidienne ?* — Mais, tandis qu'il ne lui était pas permis de persister dans un tel degré d'intensité, si ce n'est par un suprême effort, elle voyait l'autre y demeurer heureusement comme dans sa manière naturelle d'être, et jouir sans fin d'un monde prodigieux qu'il renouvelait par un mouvement de création continuelle (1). »

De l'Italie passant à la France, nous rencontrons Alphonse Daudet, le pénétrant psychologiste des foules méridionales, qu'il nous présente dans leur nature excessive et exubérante, approchant quelquefois du grotesque.

Dans cette race la mobilité psychique est facile et fréquente ; l'imagination variée, agile, paradoxale, exagérée comme le ciel de Provence, lourd et tropical à midi mais superbe et riche par un travail changeant de lumière et d'ombre.

D'une race ainsi formée, variablement et volagement émotive, sont sortis, dans tous les temps, les

---

1. D'Annunzio, *Il Fuoco*, p. 17, 18, Milano, Treves, 1900.

grands et faciles orateurs, qui ont ébloui Paris par
le feu de leurs discours, et par la faconde inépuisable de leur parole, aidée par une facile incarnation
de personnalités variées, qui se succèdent les unes
après les autres.

Avec les orateurs, sont issus les rêveurs, yeux
ouverts, fameux par de chimériques visions, dont ils
ont fini par se croire les protagonistes, et qu'ils ont
communiquées et fait partager aux autres.

M. Daudet nous a tracé la volage et changeante
physionomie de cette race, en la personnifiant en des
types, tels que Numa Roumestan, Tartarin et d'autres qui vivront éternellement dans le monde de
l'art.

Nous ne pouvons par revenir à Numa Roumestan,
ce chef-d'œuvre du romancier français, sans que ces
scènes de psychologie collective sur lesquelles s'ouvre
le rideau du roman, ne nous reviennent à l'esprit.
Sous nos yeux, là-bas, dans cette jolie petite ville de
Provence, apparaît la figure de Numa, que l'auteur,
par une fine intuition psychologique, nous montre
dans sa physionomie morale, dont la note la plus
haute est la facilité de prendre des personnalités
nouvelles et différentes : « La chose la plus belle,
dans ce diantre d'homme, c'était sa subtilité à pren-

dre les manières, le ton des personnes, avec lesquelles il parlait et cela avec le plus grand naturel, avec
le plus haut degré d'inscience : timide, le geste rond,
le cœur à la bouche, avec M. le président Bédarrite ;
le bras étendu en maître, comme s'il secouait sa toge
au barreau, l'air martial, le chapeau en arrogant
pour parler à M. le colonel de Rochemaure ; et en
face de Cabantons, les mains dans les poches, les
jambes en arc, et le flottement d'épaules du vieux
loup de mer. »

Une facile évocation d'*un état second* s'accouplait
à cette extrême mobilité d'esprit, « visible, remarque Daudet avec sa pénétration habituelle, jusque
dans son écriture (1), » car « la parole ne jaillit pas
chez lui par la force de sa pensée, mais au contraire
elle le prévient par son bruit tout à fait machinal.

« Il s'émerveillait de lui-même, il prenait goût à
cette rencontre de mots, d'idées perdues dans un
coin de sa mémoire, et que la parole retrouvait,

1. On connait les observations de Lombroso et de Richet,
répétées par d'autres, sur les modifications de l'écriture
dans le changement et dans l'incarnation de personnalités
nouvelles. Voir : Lombroso, *Grafologia*, p. 223 et suiv.,
Hoepli, 1895.

7

recueillait, entassait en arguments. En parlant, il remarquait en lui-même une sensibilité, qu'il ne se connaissait pas, il s'émouvait aux vibrations de sa voix par des intonations qui descendaient jusqu'à son cœur et remplissaient ses yeux de larmes. Ces intonations étaient, certainement, des qualités oratoires, mais il ne le savait pas. »

Il ne faut pas réfléchir bien longtemps pour remarquer la valeur de ces paroles, qui décrivent un état nouveau de conscience, se développant par une suggestion tout à fait mécanique, tel que le son de la voix : de même que d'autres phénomènes, mécaniques, tels que le tic-tac d'une pendule ou l'action de fixer un objet brillant, peuvent éveiller le phénomène de l'auto-hypnose. Certainement, d'autres qualités concouraient admirablement à faire de Numa un orateur ; telles que la parole ardente, musicale, qui prenait sa force dans la sympathie, qui l'entourait ; et la superbe improvisation, presque prophétique, qu'il portait de la conférence au cercle étroit des amis et des invités. Mais la note véritable, caractéristique en lui de l'orateur, c'était la facile incarnation de personnalités nouvelles enveloppées dans le flux débordant de pensées et d'images, éveillées par le son des paroles.

De l'art passant à la vie, l'observation n'est pas différente.

Mirabeau naît d'une race « d'une originalité grandiose et haute, dont il était *l'enfant perdu, l'enfant prodigue et sublime*. Chez ses ancêtres il y avait — comme il s'exprime lui-même — quelque chose de fier, de particulier et d'exubérant. Des mâles, quelques-uns avaient eu d'orageuses vicissitudes et ils avaient été excessifs dans le bien autant que dans le mal ; parmi les femmes quelques-unes avaient été d'une haute élévation mentale ou excessivement impulsives : d'autres étaient mortes folles

C'était cette impulsivité exagérée qui en se succédant, donnait l'excellence à son éloquence. En effet, il s'exprimait ainsi : « Les impulsions de mon esprit sont si rapides que l'une couvre l'autre et semble l'anéantir ; l'équilibre même n'est chez moi que l'ébranlement des chocs momentanés (1). »

Mirabeau, écrivais-je autrefois, était une âme ardente comme le soleil de sa Provence, dont il avait les griseries de lumières et de couleurs lesquelles éclataient dans son éloquence, impétueuse, trai-

1. Ribot. *L'hérédité psychologique*, an 1897, Paris, 117-118.

nante ; mais incertaine, timide et craintive dès qu'il commençait à parler, et qui, dans le contraste, devenait géante tandis que son visage s'animait d'une vie de laideur et de génie. Mais à côté de cette partie de lumière, il y avait dans sa vie la tache sombre d'une conduite dissipée et vicieuse, qui le poussa jusqu'à vendre à la cour le charme de son éloquence.

Cicéron se préparait à ses plus fortes plaidoiries par une longue agitation intérieure : on le vit sortir quelquefois de cet intense travail de l'esprit et aller au barreau, dans un véritable état d'exaltation, les yeux rouges et étincelants, les traits du visage convulsés.

De ces conditions d'esprit dut sortir l'apostrophe contre Catilina, où l'ardeur de la passion se manifeste dès les premiers mots.

Cela, du reste, est propre à toutes les grandes idées et à tous les grands moments historiques, qui éveillent et éduquent, avec la passion prépondérante, l'onde chaude et imagée de la parole. C'est la Révolution française qui nous a donné Mirabeau ; c'est la nouvelle foi sociale qui a éveillé et élevé à une si haute force de langage Ferri, Venderweld, Jaurès, par la parole desquels il faut, comme le disait un publiciste, ou se laisser attirer ou fuir.

Cette émotivité, va quelquefois de la simple sensation de chaleur (*arroventamento*) décrit par Ferri, qui en est saisi devant la foule (1), jusqu'à l'évanouissement, à la parésie, à la paralysie (dont parlent quelques autres orateurs), en passant par la gamme de tous les états intermédiaires.

1. FERRI, *I delinquenti nell'arte*, prefazione. Genova, libreria moderná, 1911.

ALFRED ESPINAS a voulu donner une juste explication de l'émotion de l'orateur devant la foule (de ce que M. Ferri nomme *arroventamento* et que j'appelais dans le premier chapitre de cet ouvrage *onde refluée* entre les *meneurs* et la foule), en traduisant le phénomène sous une forme mathématique : « Supposons, dit-il, que l'émotion ressentie par un orateur, lorsque celui-ci se présente au public, puisse être représentée par le chiffre 10, et qu'il en communique aux premiers mots, aux premiers éclats de son éloquence, la moitié à ses auditeurs, qui seront supposons trois cents. Chacun de ces auditeurs réagira par des applaudissements ou par le redoublement de son attention et il se produira ce qu'on appelle dans les comptes rendus un mouvement (*sensation*). Mais ce mouvement sera ressenti par tout le monde dans le même temps, car l'auditeur n'est pas moins préoccupé par l'auditoire que par l'orateur, et son imagination est immédiatement frappée par le spectacle de ces 300 personnes toutes sous le coup d'une émotion; spectacle qui ne peut que produire en lui une émotion réelle. Si nous admettons qu'il ne ressente que la moitié de cette émotion, la secousse éprouvée sera représentée non plus par 5, mais par la moitié de 5 multipliée par 300, c'est-à-dire par 750 » (cité par SI-

Comme on peut facilement le comprendre, cela n'est pas opposé à ce que nous disions de la multanimité des *meneurs* en général, laquelle est faite ainsi d'états émotifs présents à la conscience dans le moment où l'on agit sur la foule, autant que de souvenirs de ces états, autrefois éprouvés et vécus de nouveau.

Peut-être ce second travail suggestif est-il plus fréquent chez l'orateur que chez les autres *meneurs*. De là viennent que les conférences les plus inspirées et les plus applaudies d'art et de science que des orateurs, les plus connus, répètent aujourd'hui en Italie, de ville en ville, (dans cette renaissance du sentiment d'éducation de la foule), avec de petites modifications, sont de véritables évocations mnémoniques, avant que les inspirations de l'instant ne viennent y prendre place.

Ceci explique suffisamment comment l'éloquence constitue un art qui a sa technologie. Elle devient de

GHELE : *Contro il parlamentarismo* p. 249-250). On comprend bien que ces expressions numériques n'ont pas même la valeur d'une probabilité, mais elles rendent plus visible et plus compréhensible le phénomène des *ondes refluées* entre la foule et le *meneur*. On n'aura les chiffres exacts seulement, lorsqu'on pourra appliquer la méthode psychométrique à la psychologie collective.

jour en jour plus minutieuse et on s'y apprête avec
plus de soin car à notre époque, où tout penchant
intérieur noble et grand est mort, les orateurs
demandent aux ficelles de l'art, à sa technique extérieure, les effets qu'ils ne peuvent plus demander
au sentiment.

Ainsi arriva-t-il en Grèce du temps des sophistes,
quand, tandis que tout mouvement spéculatif finissait, l'extériorité pompeuse de la forme prévalait avec
la subtilité du raisonnement.

Il est bien vrai que l'éloquence doit avoir sa technologie qui donne à l'onde éclatante de l'émotion la
forme la plus esthétiquement correcte ; on en trouve
un exemple chez l'orateur le plus grand de la Grèce,
lequel, près du bord de la mer, déclamait ses discours et s'exerçait à la diction claire et irréprocha-
blement correcte. C'est dans ce sens que les anciens
écrivaient « qu'on devient orateur » à l'aide d'une
étude longue et passionnée. Victor Arreguine dans
ses *Estudios sociales*, — si nous ne faisons pas
erreur — a voulu saisi le rapport existant entre la
suggestion de la foule et l'extérieur du visage et de
la personne de l'orateur. Les traits artistiques, aris-
tocratiques, plébéiens de l'orateur, sont la promesse
la plus sûre d'un plaisir et d'un charme sur la foule,

vibrant à l'un ou à l'autre de ces sentiments différents. Michelet dit que Danton agissait profondément
sur les femmes du peuple parisien, parce qu'il était
surtout le mâle, d'où la sensualité jaillissait par les
traits du visage. Et combien de fois, dans nos assemblées oratoires, quelques orateurs à la pose aristo-
cratique jointe à un vague parfum de langueur et de
poésie n'accaparèrent-ils pas l'attention avant que les
auditeurs eussent savouré les sons fatigués et doux,
ou exquis et supérieurs de leur parole ?

IV

LES CRIMINELS ET LES GUERRIERS.

Avec les *meneurs* criminels nous sortons des zones
grises, où génie et maladie tiennent le champ et
nous entrons dans la zone vraiment morbide, qui
nous entoure sombrement comme une froide nuit
boréale. Et nous nous rappelons des paroles de
M. Lebon, qui sont la synthèse de ce que Sighele
d'abord, Tarde, Lebon et moi, écrivîmes ensuite sur
les *meneurs* et qui, vraies pour toutes les espèces
de *meneurs*, le sont encore plus pour les criminels.

« Les *meneurs* se recrutent, écrit M. Lebon, surtout parmi ces névrosés, ces excités, ces demi-aliénés qui côtoient les bords de la folie. » (1)

Les criminels, en effet, résument les sentiments ataviques de destruction et de sang et le sens de la justice vengeresse. D'où ils s'enivrent et enivrent les autres de chant, d'alcool, de cris, de luttes, de crimes, et ils ne sont des *meneurs criminels* que parce qu'ils ont toutes les inégalités psychiques du criminel et toute la force suggestive du *meneur*.

Mais négligeant ce thème connu par tant d'études (2), j'arrive aux grands capitaines, aux grands guerriers, aux tristes génies de la guerre, qui passent comme la foudre, détruisant tout, semant des larmes et des ruines sur leur route.

La plupart d'eux s'approche des *meneurs* criminels et un petit nombre (apôtres armés d'une idée, comme on dit de Garibaldi) se rapproche des mystiques ; de ces derniers plusieurs vécurent de la vie des armes, dans la première partie de leur existence.

INÉGALITÉ PSYCHIQUE. — C'est un sujet déjà large-

1. LEBON. *Psychologie des foules*, p. 106.

2. P. ROSSI. *Psicologia collettiva morbosa*, Bocca, 1900. SCIPIO SIGHELE, *La foule criminelle*, Alcan.

ment traité et nous savons que les génies de la guerre présentèrent de graves inégalités psychiques, M. Taine nous a donné la biographie psychogénétique et psychiatrique de Napoléon ; comme César Lombroso dans ses recherches sur l'homme de génie a réuni d'autres observations psychiques sur Cromwell, César et Alexandre.

Nous glanerons sur ce champ si vaste d'observations :

Napoléon Bonaparte — écrit M. Taine — « par son naturel, par ses instincts, par ses facultés, par son imagination, par ses penchants, par sa moralité, semble fondu dans une forme particulière, fait d'un métal différent de celui de ses concitoyens et de ses contemporains. » Sa famille, en effet, était originaire de la Toscane, d'où elle était émigrée dans un moment de dépression psychique, quand, les luttes cessées, l'Italie pliait sous les seigneurs. Cependant sa famille se sauve de cet état de lassitude, en se portant en Corse « une isle non moins italienne mais presque barbare, parmi les institutions, les mœurs, les passions de la première moitié du moyen âge, dans une atmosphère sociale assez rude pour garder toute vigueur et toute âpreté. »

Sa mère, Lётice Ramorino, a l'énergie *d'un chef*

de parti ayant conçu et port' son fils à travers les hasards de la guerre et de la défaite, dans les courses à cheval à travers la montagne, au milieu des surprises nocturnes, et des coups de fusil.

Ce caractère se retrouve chez le fils : à Brienne il demeure éloigné de ses camarades : grandi, il ne se dément pas.

« Il regarde — écrivait Mme de Staël — une créature humaine, comme un fait ou comme une chose, non comme son prochain. Il hait plus qu'il n'aime : il *n'y a que lui et pour lui*, le reste des hommes ce sont des chiffres. »

Un rare pouvoir de pénétration est en lui, il ne sait concevoir les psychés des autres que dans une analyse trop automorphique et intérieure. Son instrument mental est flexible, fort, tenace ; il n'y a pas de sujet, dont il ne puisse discuter, passant de l'un à l'autre avec un tel sens précis de contours et de mesure, qu'il semble que son cerveau soit à compartiments, dont il suffisait fermer l'un et ouvrir l'autre.

Le pouvoir d'abstraction et d'idéalisme est rare ; mais, au contraire, est forte chez lui la vision intérieure des lieux, des objets physiques, des moindres détails, des places, des distances. Dans cette compré-

hension rapide et cette révélation soudaine réside la
raison de ses victoires.

Il y a deux parties dans son œuvre : l'une qui
répond et traduit en fait les conquêtes de la Révolution française ; l'autre qui est un rêve titanesque
en arrière des temps : être maître du monde en cinq
ans — et on était en 1811 — faire de Paris la ville
monstre, « quelque chose de fabuleux, de colossal,
d'imprévu » ; puis conduire une armée gigantesque,
écraser la Russie, prendre Moscou et marcher à la
conquête de l'Inde : voilà son rêve immense para-
doxal, malade. Pour en trouver des pareils, dit
M. Taine, il faut remonter jusqu'à Dante, à Michel-
Ange, avec cette différence que les premiers agirent
sur le papier ou sur le marbre, alors que lui agit sur
la matière vivante. Il est un des frères les plus jeunes du temps de ces petits tyrans italiens du xiv° et
du xv° siècle. M. Taine ajoute : « Il descend des
grands Italiens, des hommes d'action de l'an 1400,
des aventuriers militaires et fondateurs d'états via-
gers ; il a hérité, par filiation directe, de leur sang
et de leur structure innée, mentale et morale. »

Il eut de ceux-ci je ne sais quoi d'arrogant et de
méprisant, qui lui donna le domaine des âmes,
comme lorsqu'il parut la première fois aux généraux

de l'armée d'Italie, qui le méprisaient. « On les introduit — écrit M. Taine — et Bonaparte se fait attendre. Il paraît enfin, ceint son épée, se couvre, explique ses dispositions, leur donne ses ordres et les congédie. Augereau est resté muet : c'est dehors seulement qu'il se ressaisit et retrouve ses jurons ordinaires ; il convient avec Masséna que « ce petit b... de général lui a fait peur » il ne peut pas comprendre l'ascendant dont il s'est senti écrasé au premier coup d'œil (1).

En ce court résumé de la vie de Napoléon, lequel nous avons pris comme le type des *meneurs* guerriers, comme celui qui a été étudié le mieux dans sa profondeur psychique, sont contenues les notes de génialités multanimes, d'égoïsme arrogant, où repose la suggestion sur la foule. Suggestion née de ces éléments psychologiques : flatterie de la vanité, succès obtenu rapidement, exemple contagieux, pose et réévocations ataviques.

FLATTERIE DE LA VANITÉ. — Parmi les moyens par lesquels les *meneurs* guerriers poussent à la guerre et à la victoire, il y a certainement ceci : flatter la

---

1. TAINE. *Le régime moderne* : Napoléon Bonaparte, chap. I.

partie la plus profonde de l'âme humaine : la vanité de soi (1).

Un petit nombre peut-être, comme Napoléon, connut au plus haut degré cette secrète fascination de l'âme individuelle et collective ; du moins, l'histoire nous a gardé le souvenir certain d'un petit nombre d'exemples. Ce sont de lui ces proclamations, ces mots restés célèbres, venus dans un instant sur ses lèvres ou amassés depuis longtemps dans sa pensée pour conduire la foule armée à la victoire et à la mort. Ce sont de lui les expressions : « Soldats d'Italie, vous manquera le courage? » Et cette autre : « Soldats n'êtes-vous pas les braves de Lodi, suivez-moi ? »; de lui aussi le mot devant les Pyramides,

1. HENRI FERRI écrit de Garibaldi : « Il est superflu d'apporter des preuves de sa fascination sur ses camarades, qu'il savait transformer en héros par la puissance charmeuse de son regard, et de sa voix ; et même sur les ennemis, par la légende, dont son nom était entouré ; l'exemple de son entrée à Naples, en 1860, le prouve, car comme il le dit « elle a plus de prodigieux que de réalité. Accompagné d'un petit nombre d'aides, je passai parmi des troupes bourboniennes encore maitresses qui me présentaient les armes. »

Comme tous les *meneurs* guerriers il eut le regard magnétique. Il me suffira de citer pour tous le regard foudroyant (*rai fulminei*) de Napoléon Ier.

mot si propre à réévoquer les gloires de jadis et la sublime histoire dans de rudes cerveaux, rendus plus facilement suggestionables par les fatigues guerrières.

Il faut ajouter à cela les récompenses données aux plus braves sur le champ de bataille, telles que : des promotions, des sabres, des médailles, qui comme le pense Tolstoï dans son besoin *nihiliste*, destructeur de l'autorité, tombant même par hasard sur un soldat quelconque courageux autant que les autres, réussissent à éveiller le courage dans les foules.

Marcellin écrit de Julien l'Apostat « qu'ayant exhorté par un simple discours la milice des Gaulois habituée aux glaces et au Rhin, la conduisit à travers d'immenses régions, de la brûlante Assyrie jusqu'aux bornes des Mèdes. »

Le succès. -- C'est un des facteurs principaux de l'autosuggestion du *meneur* (Garibaldi se croyait le benjamin de la fortune) et de la suggestion qu'il exerce sur la foule, qui s'incline devant celui qui sait atteindre le mieux le faîte de la fortune, ne fût-ce qu'un instant.

Et le succès devient d'autant plus suggestif qu'on l'atteint d'une manière rapide et soudaine, presque *brutale* dans l'ardeur de la guerre, par un rappro-

chement général de circonstances tactiques de temps
et de lieu ; de fureur d'hommes armés et de retraite
de troupes ; par des ruses bien ourdies, tendues et
non éventées. « C'est un instant — avait dit Napoléon
— mais c'est celui qui décide de la victoire. » Et,
en effet, les plus grandes batailles montrent cette
vérité, les batailles les plus anciennes d'Alexandre
le Grand comme les batailles modernes de Napoléon
et de Frédéric le Grand ou celles plus récentes
encore de Garibaldi (1).

Quelquefois, le succès est plus qu'une manifestation
soudaine de *raptus* — de *concitato imperio,* comme
on dit de Napoléon — c'est une longue étude de cal-
cul et de circonstances pesées depuis longtemps
sur le bureau et sur les cartes géographiques. C'est
une œuvre de talent plus que de génie et de Molkte
en est un des représentants les plus vrais.

1. « Il n'est pas possible de donner ici les preuves de son
prodigieux, de son rapide œil de guerre, car on devrait rap-
porter le récit de tous les faits d'armes, auxquels Garibaldi
prit part, et où, presque toujours la victoire dériva de
quelques expédients stratégiques de la dernière heure ou
de quelques mouvements ou exhortations, alors que les
destinées de la bataille se trouvent au point critique, où
elles peuvent se résoudre vers un côté ou vers un autre. »
FERRI, *Studii sulla criminalità*, p. 511, Bocca, 1901.

« L'intuition — dit un écrivain — était très soudaine en César, comme la foudre en Napoléon, Annibal, au contraire, était prudent et calculateur comme de Molkte. (1) »

Il faut ajouter à cela la multanimité géniale, la brillante facette du génie. Nous avons dit de l'instrument mental de Napoléon : qu'il n'est pas le seul cependant, car César possédait les qualités du grand orateur, du grand poète, du grand historien ; Julien l'Apostat était un vaillant capitaine et un érudit en même temps ; aussi un de ses historiens écrit avec un affectueux jugement: « Nous ne pouvons pas hésiter à affirmer qu'il a été, malgré l'erreur fondamentale de sa vie, une des figures les plus éminentes qui aient illustré la décadence fatale de l'ancienne société. » (2)

En général, cependant, les grands guerriers, comme tous les *meneurs*, sont des hommes d'action, plus que de pensée.

LA CONTAGION. — Parmi les causes de suggestion il faut mettre la contagion hé que, car, peut-être, parmi toutes les foules, aucune, mieux que la foule

1. PADOVAN, ouvrage cité, 354.
2. G. NE JRI. *Giuliano l'Apostala*, Hœpli, 1901. p. 12.

armée, ne sent les deux extrêmes épidémiques du
courage fou, et de la crainte panique. Une longue et
passive obéissance, les privations et l'horreur de la
guerre ont arraché en elle tout pouvoir de critique
et d'inhibition ; ceux qui la composent sont des sug-
gestionnés entre les mains des chefs ou à la merci
des événements. Voilà la raison pour laquelle les
grands guerriers, dans les moments du plus grand
risque, ne manquèrent pas de jeter leur vie à la
destinée, et, après leur mort, la fortune victorieuse
des armes se changeait en défaite ou la défaite soudaine devenait victoire par leur présence imprévue.

Il faut ajouter quelquefois, à ces moyens, les formes de suggestions théâtrales, que nous avons étudiées chez les *meneurs* criminels et qui ont tant de
pouvoir sur l'âme de la foule (1).

Cet effet s'exerça sur l'âme des soldats de la caval-
cade nocturne faite par Napoléon à la lueur des flambeaux le soir du 1er décembre 1805.

« Tous les soldats de la garde improvisèrent des
flambeaux avec des javelles de paille entrelacée et
reçurent l'escadrille impériale par des cris de joie.

1. P. Rossi. *Psicologia collettiva morbosa*, Bocca, 1900,
p. 105.

« Tous les champs paraissaient entourés d'un nimbe
de flammes, pendant que toute l'armée saluait dans
le capitaine l'idole de sa foi.

« L'ennemi, des hauteurs environnantes, vit la
lueur de l'incendie et distingua les sept corps d'armée qui paraissaient sept langues de feu. » (1)

LA POSE. — Une importance à part parmi les suggestions, par lesquelles le *meneur* s'impose à la
foule, doit être reconnue à la *pose*, c'est-à-dire aux
mouvements dignes d'un sculpteur, pris à dessein ou
spontanément, mais destinés à faire une impression
immense sur la foule.

« Il savait — dit Tolstoï de Napoléon dans « Guerre
et Paix » — que chacune de ses paroles et chacun de
ses mouvements seraient burinés par l'histoire. »

Peut-être une forme de pose, et probablement de
dédoublement de personnalité, est-elle le trait caractéristique de tous les *meneurs* : c'est de descendre
jusqu'à la foule pour s'élever soudainement au-dessus
d'elle et lui faire sentir la distance. Julien l'Apostat
et Napoléon ne manquèrent pas de ces effets et l'un
en Gaule pendant la Fête de la Pentecôte entra dans
les Temples des Chrétiens, comme l'autre entra dans

1. PADOVAN, ouvrage cité, p. 488.

les Mosquées païennes pendant la grande campagne d'Egypte.

Enfin tous les grands généraux descendirent jusqu'aux soldats et quelquefois ils se substituèrent à eux dans leur service — garde, veillée, tir au canon, etc.., — s'entremêlèrent à la vie du bivouac, pour s'élever bientôt à la dignité du commandement, entourés de la gloire et de ses fastes.

SENTIMENTS ATAVIQUES. — Mais, bien supérieur à toutes ces suggestions, est le sentiment atavique de la guerre, du pillage, du viol, de l'incendie, que les grands guerriers surent éveiller dans le cœur humain. Je dirais plus: tous les autres facteurs de suggestion ne visent qu'à ce but : éveiller la bête, sommeillante dans l'homme.

Les grands guerriers criminels (Napoléon), les fanatiques (Cromwell), les apôtres armés d'une foi (Garibaldi), convergent vers ce but.

Joseph Garibaldi en est une preuve: chez lui, près de l'étonnante floraison de bonté, le réveil de la *bête humaine* prédominait dans les moments de la bataille, où — comme dit Ferri (1) — il poussait au carnage avec la mimique de la vraie férocité.

1. FERRI, ouvrage cité, page 488.

Tous ces guerriers cherchent par le fondement psychologique de *meneur* qui les unit, à éveiller le plus possible le sauvage et le primitif qui dorment dans tous les hommes, car ils sentent que la victoire dépend de l'explosion d'animalité la plus grande et la plus imprévue.

Cependant personne ne voudra confondre les *meneurs* guerriers et criminels avec les fanatiques et les apôtres armés d'une idée.

Il y a chez tous une chose de commune, c'est la faculté de connaître le cœur humain pour s'en servir et faire de chaque homme un instrument, en éveillant en tous la bête humaine. C'est cette faculté évocatrice qui les rassemble, et qu'un historien philosophe appelle « l'empire de l'attitude et le talent des grandes combinaisons militaires (1). »

Mais, tandis que ce désir énorme sort chez les uns des profondeurs psychologiques de l'égoïsme — comme chez Napoléon et chez César ; — chez les autres, il jaillit des profondeurs du fanatisme ; bien que les uns et les autres soient des instruments ins- cients des nécessités économiques et sociales.

1. NEGRI, ouvrage cité, p. 52.

Voici ce que M. Guizot écrivait de Cromwell, le guerrier fanatique :

« Il était le plus ardent des sectaires, le plus actif des révolutionnaires, le plus habile des soldats ; prêt et fougueux à parler, à prier et à combattre ; expansif et menteur, selon les circonstances, toujours d'une audace inépuisable qui frappait d'étonnement ses ennemis mêmes ; passionné et grossier, hardi et sensé, mystique et pratique, avec une imagination sans bornes, sans scrupule dans la nécessité d'action, désireux du succès à tout prix, plus prompt que tous les autres à en saisir les moyens et donnant à tout le monde, amis et ennemis, la conviction que personne ne réussirait si bien et irait plus loin que lui (1). »

On a dit de Julien l'Apostat : « que ce philosophe, ce théologien, ce penseur mystique et rêveur était, par un miracle (je ne sais si le fait a jamais été vérifié), un homme d'action d'un pouvoir étrange, qui, sur le champ de bataille, avec la promptitude du coup d'œil, avait, au plus haut degré, la faculté de faire pénétrer dans l'âme de ses soldats la confiance,

1. Rapporté dans l'*Uomo di genio* de C. LOMBROSO.

l'ardeur du combat, l'enthousiasme et la joie du péril (1). »

Henri Ferri nous a donné une splendide étude psychologique, se basant sur le document des *Mémoires* écrits par Garibaldi.

Ces Mémoires laissent paraître largement l'émotivité sympathique, la pitié, le sacrifice et l'altruisme non moins que la nature mystique de Garibaldi, lorsque dans les moments de péril, il croyait voir sa mère, à genoux, prier Dieu pour lui. La férocité des instants, où le carnage était grand, paraissait incitée par la mimique du héros, car en lui s'alternaient le naturel mystique et celui du grand guerrier, dont il avait le charme du regard et de la personne avec toute la subtile pénétration du cœur humain.

Homme d'action comme tous les *meneurs* guerriers, il eut la pleine connaissance de l'âme de la foule et il en fut, sans le savoir, un psychologiste. Il suffira de citer l'exemple des considérations qu'il fait sur la panique des armées (les approches des troupeaux de bœufs), où il y a tant de lucidité de comparaison, et qui évoquent les rapprochements, dont la

1. NEGRI, ouvrage cité, p. 58.

Divine Comédie est riche, entre les âmes damnées
et le monde animal(1).

V

LES « MENEURS » ENFANTINS

Tous ceux qui, pendant ces dernières années, se
sont occupés de la psychologie et de l'éducation des
enfants, ont remarqué, que presque toujours, on
entrevoit chez l'enfant le développement psychologique de l'adulte, excepté le cas de nouvelles polarisa-
tions psychiques et aussi, cela va sans dire, le relief
que l'âge et d'autres facteurs donneront au caractère (2).

Examinant la vie des hommes célèbres, nous
pouvons remarquer, presque chez tous que les penchants qu'ils mirent en œuvre dans le cours de leur
existence et où ils excellèrent, se manifestèrent,
d'une manière presque instinctive, dès l'enfance, et
qu'ils furent doués d'une précocité qui allait d'elle-
même vers une direction déterminée.

1. Ferri, *Garibaldi nelle sue memorie in Studi sulla
criminalità ed altri saggi*, p. 508, Bocca, 1901.
2. Ferriani, *Nel mondo dell'infanzia*, Milano, 1899,
p. 19.

Ainsi, Raphaël de Montelupo, Benvenuto Cellini, George Vasari, Guido Bentivoglio, dans leurs remembrances biographiques, nous laissèrent une notion certaine de leurs penchants enfantins vers les arts ou les occupations qui furent ensuite l'inspiration perpétuelle de leur vie ; et aussi du dur travail qu'ils eurent pour vaincre les résistances des hommes et des choses qui les en éloignaient.

Ce même enseignement paraît, encore plus près de nous, dans la vie de Gozzi, de Giusti, de Balbo. Bien plus quelques-uns, comme Alfieri et Pepe, ne se limitèrent pas à nous conter des faits, d'où ressort leur naturel ; mais ils remontent à la vérité psychologique que venons d'énoncer (1).

En effet, l'instinct de domination qui forme une si grande partie du caractère de tels hommes, est trop naturellement profond, pour qu'il ne se doive pas manifester soudainement. Et si nous connaissions l'enfance de tous les grands *meneurs* (tragédiens, orateurs, guerriers), nous trouverions qu'ils furent très précoces dans leurs penchants évocateurs sur la foule ; qu'ils développèrent ces penchants, en les

1. ONORATO ROUX. *Infanzia e giovinezza di illustri italiani*, pag. 85, 176, Hoepli, 1899.

éduquant, par le jeu, qui fut, pour eux comme pour tous, une imitation et une préparation à la vie.

Ainsi Charles Goldoni était ravi, dès son enfance, par la lecture des comédies, car l'art comique exerça un charme puissant sur lui et il récita, enfant, sur des petits théâtres improvisés ; non différemment, en cela, d'Ernest Rossi, auquel les contes du Roi Lear, d'Hamlet, troublaient le sommeil et qui essaya de les jouer sur un petit théâtre de marionnettes. Napoléon, à l'école de Brienne, conduisait ses camarades à l'assaut de tranchées simulées et Ange Brofferio faisait des petits théâtres, dont il était le chef-comique, il imaginait des processions et des chorégraphies religieuses, dont il était le directeur (1).

La psychologie collective de l'enfance n'est pas écrite, je la médite depuis longtemps. Mais, ce qui me semble certain, d'après les rares essais et le peu d'observations faites jusqu'ici, c'est que le jeu, bien des fois, est une fiction de phénomènes psycho-collectifs (formes à deux, à trois ou multiples), réellement vécus par les adultes, et que les enfants observent et imitent. D'où dérive que dans tous les jeux il y a le *meneur* (*incube*) et le *mené* (*succube*).

1. Onorato Roux, ouvrage cité, pag. 55, 62 ; 223, 32, 33 ; pag. 100.

Or, ce penchant d'évocation, commun chez les enfants les plus *actifs*, qui émergent sur le fond amorphe des autres, est plus manifeste et précoce chez les futurs *meneurs*, surtout chez les criminels. Car c'est la destinée des lois psycho-psysiologiques de devenir remarquables et éclatantes à la lueur des observations psycho-pathogènes.

Mais avant de parler des *meneurs enfantins*, peut-être ne sera-t-il pas inutile de parler des formes collectives chez les enfants.

.·.

Psychologie collective de l'enfance.

Celui qui s'attarde un peu sur la psychologie collective de l'enfance, s'apercevra bientôt que les enfants ont deux manières de participer à la foule ou comme éléments intégrants et presque uniques ; ou comme éléments secondaires, mais non moins importants qu'elle-même.

Nous nous sommes occupé de cette seconde manière et de son effet psychologique, en décrivant la formation de la foule criminelle. Nous avons remarqué que les enfants et les femmes flottent entre les sentiments extrêmes et portent au plus haut degré, le sentiment dominant de la foule dans un moment donné (1).

Il est facile, cependant, de comprendre que dans ce cas on ne peut pas parler d'une psychologie collective enfantine, quoique soit grande l'influence que les enfants exercent sur l'accroissement du sentiment dominant dans la foule et sur l'excitation du même sentiment à des extrêmes opposés, et alternativement. Notre jugement est bien différent, lorsque la foule est entièrement ou pour la plus grande partie composée d'enfants. Alors la foule a deux grandes séries de manifestations psycho-collectives : l'une imitative, où elle répète, jouant, beaucoup des attitudes psycho-collectives des adultes ; l'autre, vraie et vécue, dans laquelle, non différemment que les foules adultes, elle a ses phénomènes normaux et pathogènes, à formes initiales et complexes.

Or, ces deux phases de la psychologie collective : l'une simplement imitative et l'autre vécue, sont des termes intermédiaires. Par eux, l'enfant. jouant, passe de la pure imitation à l'invention, pour vivre ensuite d'une vie collective, semblable à celle des adultes ; excepté, nous le répétons et on le comprend

1. *Psicologia colletiva morbosa*, pag. 91 e. seg.

bien, l'accentuation et le relief de l'âge, qui est un facteur peu négligeable dans les phénomènes psychiques, collectifs et individuels.

Nous nous arrêterons sur ces manifestations, avant d'aller plus loin.

LE JEU ET LA PSYCHOLOGIE COLLECTIVE. — Il est dans la vie de l'enfant un phénomène qui attire de plus en plus l'attention des chercheurs studieux par son importance croissante : c'est le jeu.

Sans entrer dans ses origines physiologiques et sans vouloir l'étudier par rapport à l'affinité qu'il a avec l'art, il est indiscutable qu'il est non pas un épisode fugace, mais partie essentielle de la vie de l'enfant. C'est par lui qu'il s'exerce à la vie et qu'un nombre infini de sensations et d'essais différents pénètrent dans son esprit, prêt à les recevoir.

Le caractère se manifeste dans le jeu, avec ses penchants, peu connus et peu sûrs d'abord, mieux dessinés ensuite.

Pour cette raison donc, il y a une littérature croissante sur le jeu, dans ses acceptions psycho-physiologiques, pédagogiques et morales comme dans l'acception génétique et comparative avec le monde animal et avec les races différentes.

Il faut distinguer dans le jeu deux moments qui se

succèdent dans la vie évolutive de l'enfant. Le premier est imitatif : par lui l'enfant cherche à reproduire toutes les attitudes les plus variées de la société environnante. Le second est inventif, quelquefois jusqu'à l'hallucination : par lui l'enfant crée des attitudes nouvelles sur le transparent et avec les éléments de la réalité, différemment groupés. Dans l'un comme dans l'autre moment, il réfléchit de l'ambiant, soit les scènes psycho-individuelles, soit les collectives, qui sont plus communes qu'on ne le croit. Car, s'il est vrai que nous vivons de la vie individuelle de l'esprit, il est vrai encore que des attitudes de la vie individuelle se composent souvent de produits collectifs, qui vont des plus simples et des plus rudimentaires (formes à deux, à trois, cénacles) aux plus complexes.

En outre, l'enfant dans son jeune âge révoque beaucoup de la vie primitive du sauvage, et bien des jeux sont un écho de coutumes lointaines, revivantes encore pendant les premières années de la vie.

Une étude sur ce sujet, doit donc tenir compte de ces variétés du jeu, et voir combien chaque espèce peut recevoir de manifestations collectives.

JEUX ATAVIQUES ET TRADITIONNELS. — M. Perez, dès l'année 1880, devançant les études sur la psycho-

logie enfantine, a des paroles qui méritent d'être
rapportées : « Le jeu collectif et régulier, écrit-il,
c'est le jeu par excellence. Le goût qu'y trouve l'enfant rappelle les fêtes turbulentes du sauvage et la
gaîté outrée des jeunes animaux. » (1)

Bien des années après, dans mes premières remarques de psychologie collective, qui plaisaient à mon
esprit, étudiant l'*embryologie* et l'*aube* de la psyché
collective, j'arrivais aux mêmes conclusions.

J'écrivais alors : « Il y a une forme qui rappelle
l'instinct mécanique des fourmis et des insectes, qui
est en partie statique, et en partie dynamique, qui
est synesthésie et synergie à la fois : la danse-pantomime, qui occupe tant de place dans la vie des peuples de la préhistoire et de la protohistoire ; danse
que M. Fouillée appelle « statuaire animée, liée, au
chant, à la poésie, à la musique », et que M. Vuiller
appelle : « Un poëme rythmique, qui développe
devant nous, en des vivants tableaux, la beauté de
ses formes et des aptitudes, » (la Danse à travers les
âges). Cette forme vient au dehors d'un excès d'énergie nerveuse, qui, au lieu de se répandre dans la

1. PEREZ, *Psicologia dell'infanzia da'tre a'selle anni*,
p. 77, Paravia, 1887.

lutte pour la vie, s'épuise dans une imitation de
celle-ci. C'est jeu et art à la fois, par lesquels la horde
s'accoutume aux mouvements collectifs et à la guerre,
et il se dégage sous l'aiguillon extérieur, une émotion dynamogénétique, sténique, qui émeut fortement l'âme collective. Peut-être, y eut-il d'abord
quelqu'un qui trouva cette manière collective, d'exprimer un sentiment commun de joie, qui donnait à
tout le monde, un grand besoin de se mouvoir et de
danser ; mais après l'avoir trouvée, il ne manqua
pas de gens qui l'imitèrent et la transmirent. D'où,
de fait statique, naissant sous l'impulsion extérieure,
agissant puissamment sur des natures vierges, elle
devint une forme héréditaire, transmise et surgis-
sante en de différentes occasions.

Les enfants, qui répètent la psyché primitive,
selon la loi biogénétique fondamentale, que « l'onto-
génèse est une brève récapitulation de la philogé-
nèse », ressemblent, dans les phénomènes collectifs,
aux sauvages. En eux, prévaut l'imitation, par
laquelle naissent les faits statiques et dynamiques, et
il est dans le jeu un souvenir atavique de la danse
pantomime.

Et je continuais parlant de « quelques jeux qui
rappellent la danse sacrée avec le chœur rythmique

et rimé. De ces jeux, l'un est ainsi : les enfants se prennent par la main, et forment une guirlande, puis tournent, dansant de droite à gauche en chantant (comme dans les anciens rites religieux, qui survivaient encore chez les phallophores, chez les hétaïres et chez les tribades de la Grèce et de Rome).

Quand ils sont arrivés à la dernière note de la chanson rimée, au vers bref, pressant la voix et accentuant la dernière lettre, ils s'accroupissent à terre.

« D'autres fois, un enfant resté au milieu du groupe tourne sur lui-même, alors que les autres enfants, leurs mains droites posées sur sa tête, tournent en chantant, figurant ainsi comme les rayons d'une roue échappées du centre : ou bien, placé au milieu du cercle un enfant, les yeux bandés, cherche à saisir les autres enfants qui tournent autour de lui.

« Il y a dans tous ces jeux observés par moi et saisis au milieu du peuple calabrais, un écho des *carmina*, de la danse ancienne, et de la danse-pantomime, écho qui est une manifestation de la psyché collective, par laquelle, tandis que les enfants, comme les sauvages, font des mouvements synergiques, un sentiment de plaisir et de volupté, s'empare de leur âme individuelle, et n'en forme plus qu'une seule (1). »

1. P. Rossi. *Psicologia collettiva*, pages 105-106.

A côté de ces jeux que nous appelons, par suite de leur origine, *ataviques*, ou, par leur forme, à *guirlande;* sont les autres jeux que j'appellerais *historiques*, car ce sont des réévocations d'événements passés.

Citons, comme exemple, le jeu commun en Sicile, dans lequel deux troupes d'enfants réévoquent, dans un écho lointain et peu sûr, les Vêpres siciliennes l'une représente les Français et l'autre les Siciliens ; l'une crie : Vive le roi ; l'autre : Vive la Sicile.

Parmi les jeux traditionnels méritent aussi une place particulière ceux, dans lesquels on voit apparaitre l'élément intellectif et un certain dénouement dans lequel l'action de chaque enfant ne se confond pas avec celle des autres, mais s'y entrelace, tandis que le mouvement synergique est réduit à rien. C'est un quelque chose qui prélude aux formes éparses de foules.

En effet, le jeu le plus commun chez les enfants calabrais : « Ma colombe vola, vola » consiste en ceci : Plusieurs enfants se pressent autour d'un autre enfant un peu plus grand, et chacun d'eux porte le nom d'un arbre : grenadier, cerisier, oranger, etc. L'enfant le plus grand dit : ma colombe vola, vola et se posa sur... (et il dit le nom d'un des arbres, par exemple, grenadier). L'enfant qui porte le nom de l'arbre, doit aussitôt répondre : « Elle n'est pas sur le grenadier, mais elle est... ; il dit alors le nom d'un autre arbre, porté par un des enfants, par exemple : oranger, etc.

Tous ces jeux, examinés jusqu'à présent, sont, presque dans leur totalité instinctifs, parce qu'ils rappellent des mouvements de lointains ancêtres, que se transmettent l'une à l'autre, les différentes générations enfantines. Plus élevés sont les jeux simplement imitatifs d'événements environnants, plus haut encore les formes *inventives*, qui ouvrent la voie aux véritables formes de psychologie collective de l'âme enfantine (1).

1. Les jeux artificiels, qu'on enseigne dans les jardins enfantins s'inspirent à ces inscientes observations de psychologie collective. Ce sont, en effet, ou des chorégraphies ou des danses, où des troupes d'enfants s'entrelacent en de charmants enveloppements ; ou ce sont des simulations d'évolutions militaires par exemple, *le jeu des bersaillers*; ou des jeux dénoués ; tel que le jeu des papillons ou des fleurs, ou des enfants qui représentent des fleurs, invitent les autres, qui sont les papillons, à se poser sur leurs calices. Et les papillons vont sucer le nectar, puis ils volent sur d'autres calices non sans faire souffrir les fleurs savourées. Enfin intervient le chœur, comme dans la tragédie grecque qui admoneste la vanité de la beauté. Comme on le voit c'est une insciente imitation de la première période du jeu vraiment vécu !

JEUX SIMPLEMENT IMITATIFS D'ÉVÉNEMENTS ENVI-
RONNANTS. — C'est dans cette phase imitative que les
petites filles surtout, par leur sentiment d'imitation
plus grand que chez les garçons, commencent à
reproduire, les différents mouvements psycho-collectifs du monde environnant.

Un des jeux les plus communs est celui de faire
la mère, soit avec la poupée, soit avec d'autres petites
filles moins âgées.

Or qui ne sait, que la première forme de suggestion à deux, à trois, la première foule étroite dominée par une *meneuse*, c'est la famille? Nous écri-
vions autrefois: « Le sentiment génésique qui crée
les premières formes sociales irréductibles, crée, en
même temps, la psyché collective, avec cette chose
de plus, que tandis que l'une naît presque adulte,
avec ses caractères de foule statique, l'autre est une
fleur éclose à peine, plus qu'un bouton, mais moins
qu'une rose. »

Nous appelons, pour être mieux compris, *nichée*
cette forme particulière de psychologie qui se réunit
dans l'amour maternel, du fait que ce phénomène est
plus visible chez les oiseaux qui nichent. La psychologie à deux, à trois, à plusieurs, qui se développe

dans la *nichée*, a son fondement dans l'amour maternel (1).

Après la famille, l'autre source d'imitations psycho-collectives par l'enfant, c'est l'école, laquelle est encore pour lui une large matière d'imitation. D'où le jeu, bien qu'il soit une préparation à la vie individuelle, est, bien plus encore, une source d'imitation et d'essais psycho-collectifs.

Regardez une petite fille jouant avec sa poupée, posant en maîtresse, et vous saisirez les attitudes variées de la *meneuse* qui domine tantôt par l'amour, tantôt par l'autorité. Soit qu'elle blâme, soit qu'elle caresse, elle reproduit des scènes de suggestion à deux ou à trois. Un pas plus loin et elle ne se contente plus de reproduire simplement ; mais elle trouve des scènes nouvelles et de nouvelles situations psychologiques sur l'ancienne trame de la suggestion maternelle ou de celle de l'autorité magistrale.

Dans cette seconde période, l'imagination l'emporte sur l'imitation. On peut dire qu'alors commence la vraie vie de la psychologie collective de l'enfance, jusqu'ici occupée à imiter des attitudes et des inspi-

1. P. Rossi. *Psicologia colletiva. op. cit.*, page 208.

rations psycho-collectives; car, quoique l'enfant vive de ces reproductions, les siennes n'étaient que des impressions par ricochet. Dès ce moment il commence à les vivre vraiment.

Marius Pilo (1) et Paule Lombroso ont remarqué que souvent la puissance d'imagination dans la période inventive du jeu est si forte, que l'enfant vit de ses contes : il est un halluciné, qui vit des différents mouvements psycho-collectifs, qu'il a vus et qu'il reproduit, comme une chose réelle.

Un autre élément psychologique contribue à donner un plus grand éclat à ces manifestations ; c'est que dans l'enfant, surtout s'il est précoce par développement naturel, ou par des conditions particulières d'ambiance, surgit l'homme avec ses passions, qui sont le plus certain substratum de la vie collective de l'esprit.

J'ai réuni, sur les premières manifestations collectives de l'enfance, beaucoup de remarques de formes à deux ou multiples, qui oscillent autour des deux pôles de l'amour et de la haine.

L'amour entre des enfants de sexe différent (le couple aimant) est loin d'être rare et s'accompagne,

1. M. PILO. *Nuovi dati sulla estetica del fanciullo.* Estratto dal. *Pensiero italiano*, page 9.

comme chez les adultes, des mêmes inquiétudes, des mêmes agitations, des mêmes idées sombres, de la même volupté de fin prochaine. Renan, Tolstoï, Rousseau et d'autres ont laissé quelques notices sur leurs amours enfantins.

Edmond De Amicis nous refait, avec beaucoup d'esprit, l'histoire d'un de ses amours pour une de ses petites cousines ; et, dans ses *Pages éparses*, il nous parle d'un amour enfantin (*Un incontro*); il nous présente dans ses nouvelles *Furto*, l'enfant sauvage épris d'une belle dame, sa belle-sœur. Ainsi que les de Goncourt dans *Chérie*, qui est un document humain sur l'enfance, nous retracent cet état psychologique de l'enfant devenue amoureuse ; et Maupassant dans *Clair de lune* parle aussi d'un enfant de dix ans, épris à la folie de sa tante et qui finit par se suicider, après avoir vu son amour méprisé.

Marius Pilo nous entretient aussi d'un de ses amours enfantins pour une de ses petites cousines, qui le lui rendait (1). Et je connais un savant, qui éprouva la première ardente passion d'amour à neuf ans, pour

---

1. MARIUS PILO, ouvrage cité, page 14, 15. Voir encore : LINO FERRIANI. *L'amour chez les enfants* in *Revue*, déjà *Revue des Revues*, du 1er août 1901.

une enfant un peu plus âgée, que, dans sa fantaisie, il transfigurait en Bice del Balzo, car son âme était pleine de la protagoniste du roman de Grossi, *Marco Visconti.*

A cet âge, vers la neuvième année, les instincts du *meneur* commencent à paraître et beaucoup de litiges chez les enfants dérivent du fait que tout le monde, dans le jeu, veut être le premier à guider et à conduire ; tandis que pendant les premières années on est plus obéissant aux plus âgés et on se résigne plus facilement à être une matière plastique.

C'est pendant ces années que se présentent ébauchées les espèces que nous venons d'étudier (orateurs, tragédiens, guerriers). Car ces variétés se ramènent aux penchants fondamentaux de l'esprit humain ; au besoin de dominer des âmes, en racontant et évoquant des émotions scéniques, ou en les modelant et les conduisant à son gré.

C'est un fait connu par tous ceux qui sont familiarisés avec la psychologie de l'enfant, qu'il y a, souvent, dans le monde enfantin une tendance à raconter.

Cette forme particulière d'éloquence, que quelques peuples, tels que les Arabes, possèdent au plus haut degré, et qui est en général très florissante parmi la populace et les peuples primitifs, trouve quelquefois chez les enfants des cultivateurs intellectuels, soit qu'ils racontent des choses, entendues soit qu'au contraire ils inventent eux-mêmes des petits poëmes.

Ils aiment alors à avoir autour d'eux un petit nombre d'autres enfants, qu'ils pénètrent de leurs paroles et qu'ils lient à leur âme par la voie du charme intellectuel du conteur.

Paule Lombroso nous parle de deux petites filles : Léa D. et Costantina R. qui aiment à raconter et qui sont de bonnes narratrices (1).

Je me rappelle d'une fillette de quatre ans que ses parents maltraitaient, tandis qu'ils prodiguaient aux garçons des dragées et des bonbons.

La douleur a laissé sur son visage l'empreinte d'une sombre résignation, et le parfum qui s'échappe de son âme mignonne, vient se répandre au dehors de son esprit, d'une génialité précoce, en fables qu'elle conte souvent à ses petites amies et aux gens qui viennent faire une visite à sa famille.

Il était jadis, commence-t-elle, une enfant, qui était regardée d'un mauvais œil... Et cette enfant, c'est

---

1. *Saggi di psicologia del bambino*, p. 255 et 269, Roux.

elle-même, qui conte ainsi les torts du jour, les injustices subies, comme s'il s'agissait d'une autre enfant vécue dans le rêve ou dans la fable.

Les deux autres espèces de *meneurs* tragiques et guerriers sont encore plus communes et plus connues chez les enfants Sans parler de ceux qui, par le temps, excellèrent dans l'art tragique ou dans l'art de vaincre à la guerre, et qui dès leur enfance, laissèrent se montrer dans leurs jeux leur penchant naturel ; combien de nous n'ont pas fait de ces petits théâtres improvisés, avec des marionnettes mues par un fil de fer, petits autant qu'une crèche ; ou des théâtres dont nous étions les acteurs, et la scène une grande planche, une litière, sur laquelle nous nous montrions, comme à la rampe d'un théâtre ? Et combien de nous encore n'ont pas joué aux soldats et aux brigands, imaginant, et créant des guets-apens, des assauts et même des crimes.

Chacun porte en soi en peu du *meneur* et ce sont ces instincts qui se montrent dans les grandes variétés d'images (orateurs), de passions (tragédiens), d'actions (guerriers).

De sorte que, me résumant, je dirai « que même dans le jeu imitatif et inventif se manifestent et s'expliquent les penchants de l'âme enfantine à prendre des mouvements psycho-collectifs, que l'enfant imite d'abord, puis crée, vivant réellement en eux.

∴

DU JEU A LA RÉALITÉ.

La vie psychique de l'enfant peut être considérée comme divisée en deux parties : la première, dans laquelle les différentes émotions sont à peine esquissées et où le sens de l'imitation est très fort (1) ; la seconde, où les émotions sont vives et où la fleur de la sympathie est augmentée. Cette seconde période, qui correspond à la puberté, atteint son plus haut degré dans la jeunesse. Ces deux périodes expliquent assez pourquoi les enfants aiment, d'abord, à imiter en jouant, puis, par des degrés insensibles, en viennent à imiter sérieusement, marquant ainsi le trait d'union entre la vie vécue réellement et celle reproduite et imitée.

A mesure donc que nous nous approchons de la

---

1. Dans une étude sur la psychologie enfantine, j'ai fait remarquer combien sont fréquents les phénomènes *d'hypermimie* observatrice (IPERMIMIA SPECULARE), qui est la forme la plus simple de l'imitation. Voir *Una pagina di psicologia della culla*, en *Rivista moderna*, au III, 1900.

puberté, l'âme s'enflamme, plus ou moins précoce-
ment, de passions, et la vie collective devient fréquente. L'enfant fait des liaisons à deux, à trois,
devient partie ou *meneur* dans la société enfantine ;
les premières manifestations de foule paraissent
alors, et arrivent quelquefois à l'épidémie et au
crime.

FORMES A DEUX, A TROIS, CÉNACLE. — Les formes à deux, à trois, ne sont pas communes chez l'enfant normal. Il ne faut pas oublier qu'il est un petit
et charmant égoïste, à qui il n'est pas facile de mettre en commun son âme et de vivre d'émotions et
de sentiments co-partagés avec d'autres, à moins
qu'il ne les imite en jouant.

Ce sont les enfants précoces et anormaux par
développement génésique ou par exquise passionna-
lité, qui répètent toutes les formes de couples étudiées chez les adultes (couple d'amis, d'amants, de
tribades congénitaux et de suicidés).

Mais, voulant parler seulement de quelques-unes
de ces formes, je m'arrêterai aux couples suicidés,
qui deviennent de jour en jour plus fréquents par
suite du mouvement vertigineux de la vie sociale et
de la fatigue qui l'accompagne.

« Chez le couple suicidés adolescents — écrit

M. Ottolenghi — l'action de la suggestion éclate mieux que chez tous les autres couples suicidés.

« Le cas suivant est typique :

« Dans la ville de X... le 17 décembre 1891, à sept heures du matin, on trouva étendus sur le terrain et sans mouvement deux garçons proprement vêtus ; l'un A... de 16 ans, n'était plus qu'un cadavre, l'autre J... de 14 ans, était blessé en différentes parties du corps et perdait son sang. Qu'était-il arrivé ? Comment l'idée du suicide était-elle née ? A... un incube débauché, malhonnête, fils d'alcooliques, pensait au suicide depuis longtemps, bien plus il en répandait l'idée parmi ses compagnons. Il était fatigué de la vie se reconnaissant un mauvais caractère ; pendant ses derniers jours, il avait lu l'histoire du suicide de l'archidue d'Autriche, et il avait trouvé en J.., un prosélyte succube. Celui-ci qui avec des stigmates de dégénérescence physique, était doué d'une rare intelligence, et d'un bon naturel, était très malléable, insensible, il reçut et accepta facilement l'idée de son ami. »

Les formes à trois multiples ne manquent pas non plus. A Berlin se suicidèrent trois enfants de 15 ans. En Angleterre « dix enfants — ajoute M. Ottolenghi — formèrent une société secrète. Un jour, pendant une séance mystérieuse, ils décidèrent de se tuer l'un l'autre. Le dernier devait se suicider. » (1)

Cette suggestion au mal chez les enfants est plus commune qu'on ne le croit ordinairement. César Lombroso écrit : « On doit avoir l'œil attentif à tous les centres scolaires, à toutes les associations de jeunes gens, en empêchant qu'ils se transforment en des centres criminels, bien plus, on doit empêcher surtout qu'ils deviennent tels, parce qu'ils sont tels en germe.

Parmi les associations enfantines celles des rues et des places dans les grandes villes sont celles qui semblent n'être pas à redouter, alors qu'on doit, au contraire, les surveiller, ou mieux les supprimer.

« Les enfants qui font le mal (disait un maître à Joly) ne sont jamais seuls ; et lorsqu'ils sont ensemble ne sont jamais réunis pour des fins honnêtes. »

« Lorsqu'un enfant, ajoute-t-il, se met sur la mauvaise route, le trop d'amitié d'un autre y influe : même s'il n'est pas méchant, l'ami lui fera de mauvaises confidences et ce sera pis naturellement s'il est méchant. Ils ont des penchants à former des bandes, qui ont tous les caractères des bandes crimi-

----

1. Orroleнhii. *La suggestions*, ouvr. cité, p. 336 et 345.

nelles, et comme ces dernières, par exemple, ils
emploient une sorte d'argot. (1) »

Cette remarque répond à celle que nous avons
faite : que l'enfant normal est naturellement égoïste
et que seulement les enfants précoces anormalement
dans le crime ou dans la génialité, présentent ces
manifestations morbides de suggestion, d'où naissent
les *meneurs* et la vie psycho-collective.

ECOLES ET COLLÉGES. — Dans la psychologie collective de l'enfant, sont importantes, au contraire,
quelques formes statiques de foule, telles que les
écoles et les collèges, où florissent des formes à deux,
à trois, quelquefois exquisement morbides (couple
d'invertis sexuels, passions sexuelles et amours les-
biques).

Les écoles et les collèges, regardés comme un terrain, dans lequel germent les faits psycho-collectifs,
présentent des conditions admirablement adaptées à
générer la foule (étroitesse de temps et de lieu) (1).
Ces conditions, que nous appelons *cohbentes* (coi-
BENTI) sont continues dans les collèges, alors qu'elles
ne se présentent que de temps en temps et sont in-

1. LOMBROSO. *Uomo delinquente*, pag. 313-314, vol. III,
Boccà, 1897.

terrompues dans les écoles (1). De sorte que tandis
que les uns, les collèges, ont quelque chose des sectes,
les autres, les écoles, ont quelque chose du théâtre ;
et si dans les premiers vit la tradition d'événements
plus ou moins éloignés ; dans les seconds, on peut dire,
que la vie mnémonique s'ouvre et se ferme pendant
le cours d'une année.

Celui qui a vécu en collège, sait combien quelques
événements — comme des malheurs arrivés à un
camarade, des faits et des gamineries célèbres, des
actes d'insubordination — restent encore gravés dans
la mémoire pendant de longues années, après qu'ils
sont arrivés et quand les héros et les protagonistes
sont disparus.

Les collèges et les éléments particuliers, dont ils
se composent, ont, comme les régiments, leurs tra-
ditions. Ils ont un jargon et des mots, qui sont des
survivances d'événements, tombés dans l'oubli. Ils
vivent, aux fins, d'une vie dynamique et de la
mémoire collective, qui en est une partie intégrante.

Nous ne nous arrêterons pas sur cette forme,
heureux de renvoyer le lecteur à ce que nous avons
dit dans un de nos précédents ouvrages.

1. P. Rossi. *Psicologia colletiva morbosa*, parte III.

Nous remarquerons seulement que les collèges sont des terrains favorables, sur lesquels s'épanouissent les floraisons morbides des formes à deux, à trois (1) et des groupes.

Les écoles, au contraire, sont plus aptes aux formes synesthésiques et synergiques (entrelacement de sentiments et d'actions), parce que l'attention fixe et durable, s'arrête au *meneur*, qui est le maître.

La plus grande condition *cohibente*, l'attention, s'unit, ainsi, aux conditions d'étroitesse dans le temps comme dans l'espace.

Parmi les souvenirs et les remarques de synesthésies de l'école que j'ai réunis, je trouve cette remarque très curieuse.

Les journaux faisaient à un moment du bruit à propos d'une comète qui devait se rencontrer avec la terre.

Un enfant très impressionnable avait apporté l'annonce de ce bruit à sa classe laquelle depuis ce moment vivait dans l'attente de la fin du monde. Le jour était arrivé où la comète devait, par son choc terrible, bouleverser tout l'univers, la classe était

1. Voir : MARCHESINI E OBICI. *Le amicizie di collegio.*

réunie, quand dans la classe voisine on entend un fort bruit. C'était un banc renversé. L'enfant crie effrayé. Les autres répondent à ses cris, la panique se répand de classe en classe, et l'autorité des maîtres ne parvint pas à les rassurer.

Ce fut un bonheur si on put empêcher beaucoup d'enfants de se précipiter par la fenêtre.

Parmi mes souvenirs d'enfance, j'ai celle d'un camarade, fils de suicidés qui devait plus tard mourir fou, qui à la vue d'un éclair illuminant sinistrement la classe, où nous étions attentifs à l'étude, s'écria : « La foudre, la foudre ! » La panique nous prit ainsi que l'instituteur, personne prudente et âgée pourtant.

Mais il me semble que l'école et les collèges ont une plus grande importance comme champ d'observations expérimentales.

En effet, la foule primitive, par sa facile composition et par sa dissolution moins facile, se prête à deux examens encore importants ; à l'étude psychologique et psychiatrique de chacun de ceux qui la composent, faite en vue de l'importance que les sujets les plus hyperesthésiques et malades exercent sur les autres ; aux lois de psychométrie des phénomènes psycho-collectifs.

Nous avons dit comment les organismes les plus sensibles sont ceux qui reçoivent d'abord les impressions qu'ils font sur la foule et les font pénétrer en ceux qui sont autour d'eux : ils forment ainsi comme des zones neutres, qui s'interposent entre des ganglions de sensibilité plus grande (1).

Nous avons cherché en outre à établir une loi de psychométrie collective et nous l'avons formulée ainsi : « le temps de production d'un rythme statique, dans une foule, est égal au temps de réaction de chacun des individus qui la composent, diminué de l'état de densité de la foule dans l'espace et dans le temps. » (2)

Mais la loi du temps et la loi de diffusion répondaient plus à un procédé idéologique qu'à la certitude expérimentale. Une étude sur une classe d'enfants en différentes conditions psychiques sera, donc, très importante pour les fins de la psychométrie et de la psychologie collective, soit qu'il s'agisse d'enfants anormaux et arriérés ; soit qu'il s'agisse d'enfants sains et confondus ensemble sans dessein préconçu, de sorte qu'il résulte de ce mélange, une

1. P. Rossi. *Psicologia collettiva morbosa*, parte III.
2. *Id. Psicologia collettiva*, an 1900, page 97.

grande ressemblance avec la foule primitive. Cette étude devra être accompagnée du portrait bio-psychique de chaque enfant; pour l'obtenir, les *cartes biographiques* et les observations psychométriques sont très utiles.

En effet, l'observation et l'essai des phénomènes collectifs que le maître saura éveiller, sans que la santé des élèves en souffre, serviront à établir les lois du procédé psycho-collectif ; à en étudier les parties et l'office que les diverses espèces de nature exercent sur le procédé même ; à obtenir en un mot la graphique des phénomènes psycho-collectifs (1).

LES MENEURS. — La question des *meneurs* enfantins est simplifiée beaucoup, par ce que nous venons de dire sur la psychologie collective de l'enfance.

En effet, nous avons démontré comment une première source de faits psycho-collectifs est le jeu-imi-

1. Ces méthodes sont largement employées pour les fins pédagogiques (Voir en *Rivista di filosofia*, I, n. 3, SERGI : *La cura e l'educazione dei fanciulli deficienti*, p. 265 ; II, vol. 3°, n° 4°. — U. PIZZOLI : *Laboratori di pedagogia scientifica in Crevalcore*. Il faudrait étendre ces méthodes aux recherches de la psychologie collective.

tation, et comment on passe à la vie de l'esprit, réellement vécue, à travers le trait d'union du jeu-imitation.

Aux trois moments : jeu-imitation, jeu-invention, vie vécue de l'esprit, correspondent trois manifestations psycho-collectives, et par conséquent, trois espèces de *meneurs*. Lorsque les enfants jouent imitant, on comprend bien que celui qui est plus grand et plus intelligent que les autres, soit le *meneur*, car il est le plus *actif* par l'âge et l'expérience ; il est celui qui a le plus vécu, et qui a mieux observé, pour imiter. Son mot est : « avoir beaucoup vu, pour pouvoir imiter beaucoup et mieux. »

Dans le second moment, commence à se dessiner la vraie psychologie du *meneur*. Car s'il est vrai que l'inspiration vient à l'enfant de la vision de la vie vécue par d'autres, ce qui le fait *imiter* ; n'est-il pas moins vrai encore qu'il vit de ses fables. Alors, l'enfant qui sent le plus, est celui qui enchaîne le mieux les autres, qui vivent de lui et pour lui.

C'est le temps, où les futurs *meneurs* laissent entrevoir les penchants natifs, et où les suggesteurs de la foule, non seulement révèlent le besoin de domination qui est au fond de leur âme ; mais ils laissent entrevoir le penchant particulier de ce besoin : tragique, oratoire, guerrier. L'homme éclate dans l'enfant, dirait un poète.

Ce moment qui est à la fois imitation et vie vécue, ouvre la vie à la troisième période, lorsque l'enfant n'imite plus ; mais, à l'approche de la puberté, l'homme s'épanouit, et son âme vibre aux affections et aux passions, avec une exquise sensibilité. Il est homme alors, et comme il vit de vie virile individuelle, il vit aussi de vie collective non différente.

Dans ces deux secondes périodes, le *meneur* n'est plus celui à qui une longue vie a été utile, pour savoir imiter, en jouant ; mais c'est l'*actif* par multanimité, plus ou moins précoce, dont la psychologie diffère par quantité, et non par qualité des *meneurs* adultes.

Nous finissons ainsi ce peu de notes de psychologie enfantine, avec le souhait d'y revenir faire des études plus larges et plus méditées (1).

1. Celui qui veut connaître la littérature des *meneurs* pourra consulter, outre l'ouvrage de M. Lébon, que je viens de citer, les autres suivants : Tarde, *Les crimes des foules*, et *Foules et sectes au point de vue criminel* ; Sighele : *La coppia criminale* et *Il delitto settario* ; P. Rossi : *L'animo della folla.* Tous ces ouvrages étudient le problème mais à un point de vue général et presque en passant.

Appendice. — En corrigeant les épreuves d'imprimerie de cette édition française, je rappelle d'autres
exemples de multanimité des artistes.

M. Flaubert disait : « *Bouvard et Pécuchet* —
deux personnages de son roman — *Madame Bovary*
— m'emplissent à tel point, que je me sens devenu
eux ! Leur bêtise est mienne et j'en crève. » (1)

Rousseau dans ses *Confessions* écrivait les lignes
suivantes : « Je me nourrissais des situations
qui m'avaient intéressé dans mes lectures ; je les
rappelais, les variais, les combinais, et me les appro-
priais tellement que je devins un des personnages
que j'imaginais, et que je me vis toujours dans les
positions les plus agréables selon mon goût, enfin
l'état fictif où je venais de me mettre me fit oublier
mon état réel. » Cité par M. Paulhan, page 38.

De même, un jeune poète italien, *M. Bertacchi*,
imagine que l'un des personnages de ses chants, un
batelier à l'esprit artistique, pense souvent aux
jolies femmes que les poètes du lac de *Como*,
M. *Manzoni*, et *Grossi*, etc., ont chanté. Il lui

1. Voir Paulhan : *Psychologie de l'invention,* pages 32
et suivantes. Voir aussi l'étude sur les artistes dramatiques par MM. Binet et Passy (*Année psychologique,*
1re année).

semble les conduire toutes ensemble dans sa petite barque.

Et il vit de ce songe, qui lui adoucit la vie !

Voici les vers du poète italien :

> Ah ! mio signore,
> Più di una volta, a'giorni de la festa,
> Io pensai di condur col mio battello,
> Su pel lago natio tutte belle
> Che i poeti del lago hanno cantato :
> Lida, Bice, Lucia, Rina del Falco....

Bertacchi. Liriche umane.

Milano, 1903.

Chapitre II

La suggestion dans la foule.

Tous les écrivains de psychologie collective ont parlé de la suggestion dans la foule, en l'invoquant et en la mettant comme explication des faits, sans en étudier, cependant — pour ce que j'en sais — les conditions qui la déterminent.

Or, qui ne sait que l'étude d'un fait scientifique ne consiste pas tant à en reconnaître l'existence, qu'à en évaluer les conditions de contingence, car la science veut connaître la manière dont les phénomènes se manifestent et c'est pour cela qu'elle devient matière d'*observation* et qu'elle marche de plus en plus vers l'expérimentation.

Tout cela, cependant, n'a pas encore été fait pour la suggestion collective ; ce qui ne doit pas nous étonner, si l'on pense à la période de jeunesse que cette science traverse et aussi à plusieurs analogies, qui, liant ensemble des faits de la vie individuelle et de la foule, semblèrent rendre inutiles les recherches de ce côté, puisqu'on les avait faites de l'autre.

Mais, quoique la psychologie individuelle soit pareille à la collective, il y a entre elles des différences quantitatives, qui, s'unissant, finissent en un certain point par devenir qualitatives. Car dans toutes les étendues de phénomènes il y a un moment, où la multiplicité d'éléments devient source de nouvelles manifestations.

Nous comprenons bien cela et nous allons étudier la suggestion collective, convaincu que, quoiqu'elle soit fondamentalement identique à la suggestion individuelle, elle en diffère par une plus grande ampleur de travail et de caractère.

En vérité nous serions injuste, si nous faisions ici abstraction des travaux précédents sur la question, car Lebon, Tarde, Sighele et Sergi s'en occupèrent comme nous l'avons dit, cherchant plus à confirmer le phénomène qu'à en étudier les modalités.

Gustave Lebon, dans sa *Psychologie des foules*, — après avoir dit comment elles vivent d'une vie inconsciente, où les pouvoirs cérébraux supérieurs s'abaissent, tandis que les centres spinaux s'exaltent — en recherche les causes dans trois ordres de phénomènes.

« Différentes causes déterminent l'apparition de ces caractères spéciaux aux foules, que les individus isolés ne possèdent pas. La première consiste dans le fait que l'individu acquiert dans la foule, par le seul fait du nombre, un sentiment de puissance invincible qui lui permet de céder aux instincts que seul, il eut forcément réfrénés. Il sera porté à les réprimer d'autant moins, que la foule étant anonyme et par conséquent irresponsable, le sentiment de la responsabilité qui retient toujours les individus, disparaîtra complètement.

« Une seconde cause, la contagion, intervient également et détermine dans la foule la manifestation de caractères particuliers, en même temps que leur orientation. La contagion est un phénomène facile à constater, mais non encore expliqué et qu'il nous faut rattacher aux phénomènes d'ordre hypnotique que nous étudierons dans un instant.

« Une troisième cause, et celle-là est de beaucoup la plus importante détermine dans la foule des caractères particuliers, parfois différents de ceux de l'individu isolé. Je veux parler de la suggestion, dont la contagion n'est d'ailleurs qu'un effet. » (1)

1. LEBON. Ouvrage cité, pages 18, 19, Alcan, 1900.

Une étendue plus ample et plus grande a été donnée certainement à ce sujet par Tarde, Sergi et Sighele qui en résume les grands traits.

Sighele, en effet, après avoir reproduit une page suggestive de Guy de Maupassant, où le malheureux écrivain a des profils précis de la psychologie de la foule ; et après s'être référé de quelques lucides intuitions de Tarde et d'autres ; se demande si la contagion morale et l'imitation, par elles-mêmes, sont suffisantes à expliquer la complexe psychologie de la foule. Sa réponse est négative, parce que, dit-il, la contagion seule n'explique rien, si l'on ne remonte pas à une raison plus haute et plus compréhensible, comme le firent Tarde et Sergi qui réunirent le mécanisme psychologique particulier de la foule au phénomène suggestif. Il y a une différence entre le philosophe français, qui se tint à une généralité d'observation, et le psychologiste italien, qui, rapprochant la suggestion d'un phénomène de psychologie physiologique, la plaça sur sa *base physique* de la réceptibilité et de la réflexion du système nerveux. « Et comme— conclut M. Sighele — dans le champ de la vie normale vous pouvez remonter de la suggestion d'un seul sur un autre, d'un maître sur un élève, d'un homme fort sur un faible, à la suggestion d'un seul sur plusieurs, d'un génie de la pensée ou du sentiment sur tous ses contemporains, d'un chef de secte sur ses adeptes, ainsi dans le champ de la pathologie vous pouvez remonter de la suggestion d'un seul fou sur un autre fou, à la suggestion d'un fou sur tous ceux qui l'environnent (1). »

Dans ces dernières années un écrivain, que nous avons cité déjà dans cette étude, s'est arrêté, comme par hasard, sur la suggestion collective et il en a donné une explication qui mérite d'être rapportée pour son originalité.

M. de Rochas écrit, en effet, dans son livre : *Les sentiments, la musique et le geste*, les lignes suivantes :

« Le baron de Reichenbach a démontré que le moyen d'orientation des molécules de chaque être organisé détermine chez les êtres des manières particulières de vibration de l'éther, qu'il a étudiés sous le nom d'*od* et qui obéissent aux lois de polarité.

Le corps humain en particulier est divisé par un plan médian en deux parties symétriques de polarité opposée, comme celles d'un aimant.

1. SIGHELE, *Folla delinquente*, Bocca, 1895, p. 11-15 et *Foule criminelle*, Alcan, 1901.

Lorsque deux parties du corps qui présentent la même polarité sont en contact ou l'une près de l'autre (en conjonction *isonome*), il se produit une répulsion réciproque de l'*od* qui en abandonne la surface. De là une diminution de la vitalité qui se traduit chez les sensitifs soit par une insensibilité plus ou moins incomplète de la peau s'il s'agit d'un membre, soit par la suspension de la volonté, s'il s'agit du cerveau.

Me basant sur ces lois, j'écrivais — dit M. de Rochas — en 1887, dans une étude sur la suggestion à l'état de veille apparente que j'appelais « état de crédulité » : On arrive à des résultats semblables (la production de l'état de crédulité) en se plaçant derrière le sujet, et en mettant les deux corps en opposition isonome. Cette observation contribue à expliquer les mouvements populaires, dont l'histoire parle si souvent. Voici un grand nombre d'individus, qui sont tournés d'un même côté, recevant ainsi, en avant autant qu'en arrière les influences de la polarité isonome ; ils écoutent un orateur. Les plus sensibles, les femmes et les enfants qui ont la tête au niveau des épaules de leurs voisins, sont placés en état de crédulité.

Pour eux chaque affirmation de celui qui parle est

la vérité même ; chaque action que celui-ci conseille
sera exécutée automatiquement, etc. (1) »

Nous ne pouvons dire quelle confiance mérite, jusqu'à présent, cette théorie de M. de Rochas, dont
s'approche M. Lebon (2), si nous nous en rapportons
à M. Ottolenghi. Celui-ci conclut ainsi dans un important chapitre consacré aux facultés psychiques occultes : « Dans ce chapitre nous avons passé en revue
toutes les plus incertaines, les plus étranges, les plus
éblouissantes activités physiques et psychiques, de la
vision des effluves à l'extériorité de la sensibilité, de
l'extériorité de la motilité à la *fermentation*, de la
lucidité aux évocations et personnifications de l'esprit. »

Indiscutablement quelque chose de véritable doit
être dans chacun de ces phénomènes, personne ne
pouvant délimiter aujourd'hui les bornes du vrai et
du faux, ou, du moins, du merveilleux (3). »

Nous nous trouvons, nous-mêmes, dans les mêmes
conditions de *bienveillante méfiance* au sujet de cette
explication *sympathique* ou *occulte* des phénomè-

1. A. DE ROCHAS. p. 191, ouvrage cité.
2. LEBON, ouvrage cité, p. 19.
3. OTTOLENGHI. *La suggestione e le facoltà psichiche,
occulte*, p. 210, Bocca, 1900.

nes suggestifs par rapport à la psyché individuelle
et à la psyché collective.

Attendons, cependant, que ces études s'éclairent
d'observations plus nombreuses et de synthèses
plus sûres et passons sur le terrain concret de l'expérience, qui, comme écrivait Léonard de Vinci
non falla mai. Nous voulons puiser de l'expérience,
les conditions, où la suggestion collective se dégage.

Quels sont les individus dont la foule se compose ?

Lorsque les premières études scientifiques sur
l'hypnotisme commencèrent, tous les observateurs
s'accordèrent plus ou moins sur un point essentiel.

Selon ce point les femmes et les enfants, certains
hommes, dont le sens de la personnalité est rare
(personnes rudes, vieux militaires, etc.), et les
sujets hystériques, sont des individus hypnotisables,
à l'aide d'une éducation plus ou moins longue.

Sans nous plonger dans cette vaste question, si
chaque sujet hypnotisable est un hystérique, il est
certainement vrai que les individus faibles ou malades,
à la personnalité rare, cèdent facilement à l'action
hypnogène.

Partant de cette observation de psycho-pathologie
individuelle, nous pouvons remonter à la suggestion
collective, qui est une forme de suggestion à l'état de

veille, et dire qu'on trouve réunies en elle toutes les conditions, qui non seulement rendent possible la suggestion, mais l'accroissent.

Ainsi, nous avons vu que les femmes et les enfants sont partie intégrante de la foule, lorsqu'elle ne se compose pas exclusivement d'eux ; et nous avons vu aussi que les phénomènes les plus éclatants de la psychologie collective sont clairs et manifestes, quand il s'agit de la foule indifférenciée ou primitive, laquelle prend son nom des éléments variés par le sexe et par le bas niveau intellectuel des individus qui le composent, ces éléments se mêlant créent des états psychiques particuliers.

Quand nous voulons nous faire une idée raisonnable de la foule et de ses manifestations psychologiques, nous ne pouvons pas le faire sans penser à la misère physiologique, où elle vit. Cette misère, qui, en affaiblissant les pouvoirs mentaux, en créant des maladies nerveuses et des déséquilibres extravagants, rend les personnes enclines aux formes de suggestions individuelles, qui dans la suite et dans des circonstances déterminées, prennent l'extension et l'intensité du phénomène collectif (1).

1. Ce moment étiologique nous explique les épidémies psychiques en Russie. D'un livre que Lehman et Parvus —

Toutes les conditions prédisposantes et déterminantes de l'hypnose et de la suggestion à l'état de
veille de l'individu, se centuplent au contact de la
foule, et donnent lieu à des phénomènes quantitativement plus élevés et qualitativement différents, lesquels s'accroissent de la position particulière de ceux
qui composent la foule (debout ou assis, mais dans un
espace restreint de sorte que le corps est condamné

deux écrivains allemands — ont écrit sur l'empire du Tzar,
on peut tirer une série de données statiques importantes,
qui sont une preuve certaine de la misère physique et
morale comme sources d'épidémies psychiques.

Ainsi, sous la pression de la famine du 1891 et du 1898 la
mortalité crût jusqu'à dépeupler des villes entières : Kazan,
qui avait une population de 136.000 habitants, descendit à
115.000 et la mortalité, qui était, auparavant, de 27 0/00,
s'éleva à 54 0/00.

Les maladies infectieuses se présentèrent périodiquement
avec une expansion croissante : de septembre 1898 jusqu'à
mai 1899, on releva 25.000 cas de scorbut.

La récolte des céréales qui était de 2,77 tschertwert par
habitant, descendit à 2,44 dans le gouvernement de Samara,
73,0 0/0 des villages avaient fini la récolte des céréales de
1898 dans les mois d'été, de sorte que ces villages étaient
sans pain en janvier 1899. En outre le nombre des paysans
qui ont le droit d'être soutenus par l'Etat, va toujours
croissant, de même que les expropriations des petits aplace-
ments de terrains et de maisons, alors que les délits d'incendie atteignent tous les ans le chiffre de 160.000.

Ajoutez à cette grave misère physiologique les autres

à une immobilité plus ou moins longue, tandis que l'attention est grande). Dans cet effort, le mouvement actif de la pensée s'arrête dans une espèce d'enchantement et de fascination.

En effet la position de chaque individu dans la foule nous semble importante non pas pour les effets

graves oppressions morales comme le manque de liberté, le knout et la Sibérie pour les classes intellectuelles, la peine du bâton pour les paysans qui ne paient pas les impôts, et pour tout le monde le spectacle de la mort et de la famine, et vous comprendrez pourquoi on trouve en Russie tant d'épidémies psychiques. Voir *Rivista popolare*, an VII, n° 7, p. 121 et suiv.

En effet il a été observé que la philosophie rationaliste qui se répandit en France pendant le XVIII° siècle n'effleura que bien légèrement la foule, qui retourna bientôt à la foi et à la religion des ancêtres. (Voir : *A Mosso* « La democrazia nella religione o nella scienza », p. 131-135).

A la vérité, la distance entre les grands encyclopédistes du XVIII° siècle et les foules était trop grande pour que ces dernières aient pu assimiler et faire propres les doctrines encyclopédistes; et cela sans tenir compte des phénomènes de contraste toujours actifs dans l'âme des individus et de la foule, de sorte que, à un siècle profondément matérialiste, succède un autre siècle romantique et croyant, au moins dans son principe. La pensée humaine peut donc se comparer, dans son allure, à un pendule, qui, arrivé au point extrème de sa course, revient bientôt vers l'autre.

C'est dans ces mouvements alternatifs que la pensée augmente, en s'élevant aux synthèses nouvelles, qui comprennen-

odiques, dont M. de Rochas a parlé ; mais parce
que cette position limite longuement le mouvement
musculaire, qui est un aiguillon inaperçu de la
pensée.

nent des doctrines extrêmes rapprochées : ainsi de la rencontre du matérialisme du xviii° siècle et du spiritualisme
du xix° est issue la philosophie positive, qui, par rapport
aux doctrines matérialistes et spiritualistes est le terme moyen
du progrès scientifique.

L'observation, néanmoins, reste vraie dans ses fonde-
ments.

Toutes les fois qu'on voudra éduquer la foule à la complexité de la vie moderne, on devra descendre jusqu'à elle,
pour y faire pénétrer une large érudition scientifique, de
manière qu'il n'y ait pas de discontinuité entre les *intellectuels* et les *foules* qui sont les vrais facteurs de l'histoire ;
et éviter ainsi que de nouvelles désillusions surgissent afin
que le progrès soit continuel et durable.

Une raison pour laquelle les espoirs de M. Tocqueville
au sujet de l'avenir et de la mission de la démocratie dans
l'Amérique furent trompés, repose justement sur cette
croissante discontinuité entre l'érudition de la masse et
l'augmentation des appétits intellectuels de notre temps,
sans tenir compte du facteur économique immanent, phénomène presque basilaire, dans la structure sociale et le
complexe organisme de l'état centralisateur ; d'où tant de
différence entre la république helvétique et la république
américaine.

La foule et ceux qui, dans sa marche ascendante, la gui-
dent et la surveillent, comprennent bien cette nécessité historique. Ils sentent bien que ce manque d'érudition fut

Chacun de nous a pu remarquer que, lorsque par
un long travail de l'esprit les idées viennent torpides
et lentes, il faut se mouvoir et faire quelques pas,
pour qu'elles reviennent au cerveau vives et colorées ;
tandis qu'au contraire, toutes les fois qu'on veut se
procurer le sommeil naturel ou les états prochains
du somnambulisme provoqué, il faut laisser le corps
se reposer.

Ces remarques coïncident avec le fait que nos
grands maîtres de la Renaissance, Luca della Robbia,
Laurent Ghilberti, Philippe Brunelleschi et d'autres,
sur lesquels plane comme un aigle, Léonard de Vinci,
furent très heureux d'avoir, pendant les premières
années de leur vie, plié leurs mains aux travaux
manuels, car ils furent des laborieux, et d'avoir con-
tinué ces travaux après être devenus illustres. Il
semble ainsi que l'excellence et la souplesse des
muscles de l'avant-bras se fussent réfléchies et eussent aidé la génialité naturelle de l'esprit (1), non

nuisible à Athènes et à l'époque des Communes et ils orien-
tent leur âme vers le besoin nouveau, en rénovant l'éducation ; l'Angleterre et l'Amérique nous donnent l'exemple et
par un prodigieux élan, l'Italie s'est mise au premier rang
en créant les « Universités populaires ».

1. A. Mosso, ouvrage cité, p. 416-18.

moins que les exercices physiques, où Léonard de Vinci et Baptiste Alberti excellèrent. Ils furent illustres, non seulement par l'esprit, mais encore par les qualités savantes de la personne (1).

Déjà M. Tarde, avec sa pénétration habituelle, avait remarqué que le public théâtral, c'est-à-dire le parterre, du jour qu'il s'était assis, alors qu'il se tenait debout auparavant, avait commencé à se rendre plus indépendant et moins suggestionnable. « S'asseoir, dit-il, c'est commencer à s'isoler », car une foule assise c'est une foule à moitié; « La vraie foule, celle où l'électrisation par la contagion atteint son plus haut point de rapidité et d'énergie, est composée de gens debout et, ajoutons, en marche (2). » Or, contagion trop rapprochée et fatigue cérébrale s'accordent à produire et à accroître le manque d'inhibition et par suite à favoriser la forme la plus haute et la plus rapide de suggestion collective.

Partant de ces idées, nous pouvons remonter à la

1. *Dizionario biografico universale*, v. 5, p. 615, Firenze, 1890 et Roux, *Infanzia e giovinezza d'illustri italiani*, Hoepli, 1899, p. 7 et 8.

2. Tarde. *Essais et mélanges sociologiques*, p. 28, 20, 30. Stork, édit., Lyon, 1900.

foule et dire que l'immobilité, à laquelle elle est condamnée dans les formes statiques, immobilité qui s'accompagne souvent de la station debout, est une cause de suggestion.

Chacune de ces circonstances est capable, par elle-même, de générer l'hypnose individuelle. Beaucoup d'individus réussissent à s'hypnotiser, en écoutant le monotone tic-tac d'une pendule ou en fixant un objet brillant, par exemple : le diamant d'une bague ; et Charcot, modifiant le système de Braid, arrivait à hypnotiser, en faisant converger les yeux sur un objet luisant, tenu sur la racine du nez. Toutes ces méthodes qui conduisent au sommeil fatigant, n'agissent pas différemment dans l'hypnose collective lorsque, comme il arrive dans les faits individuels, non moins que dans les collectifs, s'y joint la foi vive en l'hypnotiseur.

Déjà Bernheim avait écrit : « C'est la propre foi qui endort » et nous, dans un sens plus large, nous pouvons dire que la foi vive en le *meneur* est une large source de suggestion ; aussi les *meneurs* déjà précédés d'une grande renommée, sont pour cela plus actifs ; et les foules, précédemment suggestionnées par cette renommée, deviennent plus enclines à cette suggestion déterminée. Car il y a pour la foule une éducation et un penchant spécifique qui la pousse à être dominée par tel suggesteur et dans telle direction. Ce n'est pas sans un motif psychologique qu'elle accueille par des applaudissements les *meneurs*, qui lui sont les plus connus et les plus sympathiques, lorsqu'ils paraissent sur la scène ou à la tribune, pour répandre le dictame persuasif de leur onde suggestive. (1)

1. Plusieurs fois, dans le but de comprendre les lois de la suggestion dans la foule, j'assistai aux représentations de Donato dans une petite ville de province, où le public était presque toujours le même, et jamais renouvelé. Je remarquai que l'apparition de Donato, à chaque représentation nouvelle était signalée comme par un frémissement de douleur et de peur réunies, qui parcourait l'assemblée et qui se manifestait par les contractions des visages. C'était une terreur qui passait dans tous les spectateurs et qui augmentait avec les représentations, et pendant que ses effets suggestifs croissaient toujours, les formes latentes de névrose des spectateurs se rendaient plus manifestes.

Je ne doute pas que si les représentations — il en donna quatre — s'étaient prolongées, elles auraient causé des formes de névrose collective, d'épidémies psychiques comme il s'en produisit en d'autres temps. Le pouvoir de suggestion de Donato était extraordinaire si l'on pense que l'âme sortait abattue de ces séances, qui attiraient par leur étrange sorcellerie.

Il y eut des spectateurs qui me confessèrent qu'à la fin d'une séance ils avaient décidé de ne plus y retourner :

M. le professeur Ange Mosso, dans son livre si suggestif et si rempli de faits réunis en Amérique, s'occupe d'un phénomène qui peut intéresser à un certain point de vue la psychologie collective, non seulement parce qu'il nous montre des formes d'épidémies mystiques, mais encore parce qu'il nous offre des données et des circonstances qui permettent d'étudier le mécanisme suggestif dans la foule.

En effet, M. Mosso écrit : « Un des contrastes qui font croire que le sentiment religieux n'est pas très fort chez le peuple américain, c'est son expression caractéristique dans les *revivals o camp meetings:* c'est-à-dire dans les réunions religieuses qui se tiennent, dans les forêts, au bord de la mer, ou dans les églises dans le but de rallumer la foi.

Le penchant des prêtres protestants à produire des commotions profondes et à exalter le peuple pour la religion, est très caractéristique dans les populations américaines du Sud ; j'ai entendu raconter des choses étranges, presque incroyables.

Un médecin dit même qu'on devrait défendre ces *camp meetings,* parce que l'exaltation de quelques-

mais le soir suivant ils avaient été obligés d'y aller comme vaincus et attirés par une force mystérieuse.

uns de ceux qui en font partie, arrive à un tel degré
qu'elle touche à la folie. Ces *revivals* sont des incen-
dies provoqués dans le sentiment religieux et dans
toute la matière la plus inflammable des passions
humaines. L'imagination en est réchauffée au point,
que les individus en perdent la perception de la vie, et
demeurent longtemps éblouis par une étrange vision.

Pour trouver quelque chose de semblable dans
notre pays (l'Italie), il faut remonter jusqu'en 1200,
aux temps de saint François-d'Assise.

Après les recherches faites par M. Starbuk, nous
connaissons mieux les forces qui agissent dans les
revivals, parce qu'elles démontrent qu'on y a
recours à la suggestion et à l'hypnotisme.

Les *revivals* durent toute la nuit jusqu'au matin.
Le prédicateur, monté dans la chaire à prêcher, les
mains soulevées comme un magnétiseur, dit — combien de fois — la même phrase : « Le Seigneur
frappe à la porte de votre cœur » ou « la foi c'est
tout : il faut croire, autrement vous ne vous conver-
tirez jamais. »

L'imitation et l'exaltation des autres produisent
une espèce de pression sur le cerveau. Les conver-
sions sont plus fréquentes dans la jeunesse, époque
de la vie où l'on dépend plus de la volonté des autres

et où l'on a plus de réceptivité pour les actions qui viennent du dehors.

Sur 192 personnes questionnées par Starbuk, une moitié des femmes et un tiers des hommes, déclarèrent que leur conversion était en rapport immédiat avec un *revival meeting...* »

La nuit, aux prières récitées en chœur, sous l'insistance des exhortations angoissantes des prêtres, succède une exaltation semblable à celle des batailles, ou une dépression qui finit dans les convulsions et dans la léthargie. Starbuk dit que quelques assistants gisaient prosternés sur le terrain, d'autres marchaient à quatre pattes au travers des nefs de l'église, et d'autres enfin étaient tombés en léthargie. » (1)

Une condition particulière à la foule concourt à rendre chez elle plus faciles et plus grands les phénomènes suggestifs, car il y a dans la foule des individus d'une sensibilité plus exquise et plus morbide que les autres (fous, criminels, névropathes) qui, par mimétisme, épandent autour d'eux des suggestions. (2)

---

1. A. Mosso « La democrazia nella religione e nella scienza ». Treves Edit Milano, 1901, p. 152-7.

2. P. Rossi, *Psicologia collettiva morbosa*, p. 293.

Ce phénomène d'expansion des émotions des individus plus hyperesthésiques ou moins hyperesthésiques que les autres, a pour conséquence finale de
faire vibrer tout le monde à l'unisson ; c'est le trait
caractéristique de l'âme collective, qui rend différente la foule de la multitude. Dans cette dernière,
les âmes restent isolées ou vivent tout au plus de
mouvements uniformes que j'appelle *parallèles* qui
ne se confondent pas dans un seul mouvement.

Enfin, quand on revient à ce que nous avons dit
au premier chapitre sur les ondes refluées qui,
intermittentes, vont du *meneur* à la foule et réci-
proquement, et quand on pense que les individus
s'unissent dans la foule par ce qu'il y a de plus atavique chez l'homme (théorie hyperorganique) ; on
comprend facilement comment est vraie notre remarque : « Toutes les conditions prédisposantes et déterminantes de l'hypnose et de la suggestion à l'état de
veille, se centuplent au contact de la foule et font
place à des phénomènes *quantitativement* plus
grands et *qualitativement* différents.

Etudions maintenant la suggestion dans ses manifestations et avec d'autres facteurs.

Comme la suggestion individuelle oscille entre
une forme normale et physiologique, et une forme

anormale et pathogène ; de même la suggestion collective se meut entre les mêmes extrêmes.

Tout dépend, en effet, des conditions que nous
avons exposées, et qui sont : composition de la foule
et abondance chez elle d'éléments impulsifs ou malades ; étroitesse de l'onde névro-psychique ; qualité
des *meneurs* ; chants criminels, alcool, misère physique et morale, etc...

Ces facteurs, lorsqu'ils s'accroissent outre mesure,
exercent un grand pouvoir de suggestion, qui a pour
effet bien des désordres névro-psychopathogènes,
pareils à ceux qui se retrouvent dans l'hypnose individuelle.

Les contagions dans la foule sont — parmi les
formes collectives — celles qui montrent le mieux le
degré élevé que ces désordres peuvent atteindre,
en éveillant des névroses latentes et des vrais états
hypnotiques.

Nous ne nous arrêterons pas sur ceux-ci, car nous
avons démontré précédemment comment beaucoup
de ces contagions sont des anesthésies, des convulsions, et autres phénomènes semblables, révélateurs
de désordres psychologiques très profonds (1).

1. P. Rossi, *Psicologia collettiva morbosa*, p. 57-72.

De sorte que, même pour cette partie, les ressem-
blances et les différences entre la suggestion individuelle et la collective restent vraies, car l'état de
catalepsie de quelques zones cérébrales rend faciles
les phénomènes sommambuliques, hypnotiques et
autres phénomènes occultes, chez la foule aussi bien
que chez les individus.

Parmi les rapports les moins remarqués entre la
suggestion collective et l'individuelle, il faut citer
l'action du chaud et du froid et des météores, action
qui agit, en créant des manifestations collectives,
comme elle agit en excitant les psychés individuelles et en éveillant des phénomènes de génialité, de
folie, de crime, etc.

La foule a, donc, le sens météorique et cela a déjà
été amplement démontré, à propos des révolutions
et des crimes politiques, par Lombroso et Laschi (1).

1. LOMBROSO et LASCHI, *Il delitto politico*, Torino, 189J.
M. Fournial s'est occupé du sens météorique dans la foule,
dans une brochure (*Les crimes des foules*), que je ne
connais pas, mais qui est citée par M. Sighele. Ce dernier
d'accord avec M.Tarde,nie avec raison la valeur des circonstances météoriques sur le public (*Foule criminelle*, p. 228,
Alcan, 1901). Tarde remarque enfin l'influence que non seulement la sensibilité météorique, mais les autres conditions
générales climatériques et telluriques, comme l'été ou l'hi-

Il s'agit de découvrir quelle influence a le sens météorique sur d'autres faits psycho-collectifs de moindre importance, où le caractère psychologique s'affermit mieux et où les circonstances historiques s'affaiblissent. Car il y a une série de faits, où la condition météorique agit comme facteur historique, en augmentant et aiguisant un état de douleur de la foule, qui tombe dans le crime collectif. C'est ainsi que le froid excessif de l'hiver, se joignant au chômage et augmentant la misère, devient une cause persuasive d'émeutes et de délits. Ce n'est pas ainsi que nous entendons parler de « sensibilité météorique, chez la foule », mais bien d'une autre manière ; c'est-à-dire, quand, toutes les causes présentes et actives étant mises à part, les conditions de chaud ou de froid deviennent raisons suffisantes du phénomène collectif.

Celui qui a une certaine pratique de la foule mélangée et qui en perçoit les frémissements indistincts et les murmures, conviendra avec moi après cette

ver, le jour ou la nuit, la pluie ou le beau temps, exercent sur la cohésion matérielle ou sur la dispersion des foules. Elles en sont, dit-il, les conditions physiques. Voir TARDE, *Essais et mélanges sociologiques*, p. 38 et 39, Stork, Édit. 1900.

observation que la variabilité des saisons s'accompagne d'un refleurissement de contagions psychiques, dont plusieurs vivent localement et passent inaperçues, alors qu'un petit nombre, plus privilégié, se répand et intéresse la chronique des journaux.

J'ai recueilli à ce sujet quelques exemples qui démontrent l'atavisme des foules inférieures et l'importance du facteur météorique.

Pendant le printemps de 1834, dans un pays de la Calabre (Rende), un gardien d'oies songe qu'une image de Notre-Dame est sous terre, là où il dort. Cette nouvelle se répand ; le travail d'excavation commence ; la foule accoure des pays les plus lointains chantant des psaumes. Toute cette ferveur mystique, qui rappelle les temps lointains, dure pendant un mois, peut-être plus encore.

Dans le milieu d'un hiver à Naples un passant, examinant les vitres de l'hôpital des *Pèlerins*, croit y découvrir des reflets ressemblant à une image. Il s'absorbe, regarde mieux ; une troupe se forme autour de lui; il lui communique ses impressions. Tous voient ce qu'il a vu : l'hallucination se répand de l'un à l'autre et gagne toute la ville.

Dans le mois d'août 1898, à Naples même, une jeune femme hystéro-épileptique est sous le coup d'une hallucination prophétique. Elle prévoit de grands malheurs et de grands troubles atmosphériques. La nouvelle s'en répand et se répète partout en s'exagérant.

Etudiant ce dernier cas, j'écrivais alors : « Tel est le phénomène de la voyante de Naples qui dans ces derniers jours s'est répandu avec une rapidité incroyable à travers toutes les foules de l'Italie du Sud, avec un sens d'expectative si grand qu'il rappelle les scènes d'autres temps. Il semble que revenue à l'an 1000 la foule soit dans l'attente douloureuse de la fin du monde. »

« En effet la panique s'était emparée des esprits : on attendait que la lune surgisse avec une grande croix noire dans son milieu, pendant que dans les rues et dans les campagnes les prières s'élevaient tristes et monotones. »

Lorsque, il y a quelques années, je méditais inconsciemment sur les phénomènes de la foule, je fus frappé par une épidémie de sorcières, qui se répandit dans la Calabre. On était au mois de mai 1896 et on parlait d'enfants volés à leurs parents, pour servir aux sortilèges. C'était une vive réévocation du moyen âge qui me surprit par sa longue et vaste diffusion et par la foi intense et primitive de la foule.

Au printemps d'une année récente (1900) dans un petit village de Cosence surgit une épidémie mystique. On parlait d'une apparition de Notre-Dame, qui annonçait des malheurs, si on persistait à se servir d'un vieux couvent comme mairie.

Dans la ville de Foggia, le 18 mai 1901, on répandait le bruit que la Vierge avait fait parler un petit garçon, qui était muet.

Enfin en cherchant si les apparitions miraculeuses des temps passés s'étaient ressenties du sens météorique, j'ai trouvé que le 22 avril 1557 est advenue l'apparition de *Santa Maria dello splendore*; le 18 mai 1840 celle de *Santa Maria dell Alno*; le 7 mars 1426 celle de *Monte Berico* en *Vicenza*; le deuxième dimanche de mai 1511 une autre en *Castellone* dans la province de *Cremona*; enfin le 4 avril une autre encore à *Crema*. Jusqu'ici c'est le printemps qui tient la première place; depuis c'est l'automne avec les apparitions de *Santa Maria di Tirlaco* en Valtellina (20 septembre 1501) et de Notre-Dame de la Salette (19 septembre 1846).

Enfin, non pour cette raison, mais par un profond

---

1. Je me suis occupé de cette épidémie sous le titre : *Les stratifications de la psyché et la légende des sorcières.*

phénomène de psychologie collective, les pèlerinages
s'accomplissent généralement dans le printemps.

La panique qui se produisit rue Nationale, pendant les funérailles du Roi Humbert, eut lieu au mois
d'août, dans une ville très chaude telle que Rome,
et pendant des heures qui ne sont certainement pas
les plus fraîches du jour.

Voici la description qu'un journal (*Avanti !*) en
donnait à ses lecteurs :

« La panique se répandit avec une rapidité foudroyante. Derrière le convoi du roi, toute la foule
qui se pressait aux deux côtés de la rue, se dispersa
comme par enchantement. Les hommes et les
femmes se précipitaient à l'aveuglette sous le porche
des maisons, se jetaient à la hâte dans les rues de la
Consulte et des Serpents. Les cordons de troupe dis-
paraissaient, bouleversés par la fuite folle de toute
une multitude.

« L'idée d'un attentat anarchiste, d'une bombe
lancée soudainement sur le cortège du roi, traversa
en un clin d'œil tous les esprits, augmentant la panique et la fuite.

« Le cortège royal se trouva ainsi complètement
isolé, entouré d'une foule agitée et hurlante.

« Le groupe des généraux et des représentants

étrangers, devant cette foudroyante irruption de peuple et de cris, resta indécis puis se dispersa : une partie des généraux se groupa autour du roi, l'autre partie alla se placer devant le palais de la Banque.

« Pendant ce temps, le roi, entouré des princes du sang et des princes étrangers, protégé par ses douze cuirassiers qui avaient dégainé, faisait signe de marcher. Du haut des balcons on le voyait faire un geste énergique et réitéré, pour que le convoi reprit sa marche.

« Mais le convoi ne pouvait pas passer outre. Le cheval de tête, attelé à droite, effrayé par le túmulte des cris de la foule, s'était cabré et se refusait à marcher. Un soldat d'artillerie qui le tenait par le mors, s'efforçait à grand'peine de le faire avancer, mais il fallut quelques moments avant qu'il pût réussir à le dompter.

« En attendant, le groupe autour du roi se reformait, et le convoi, qui peut-être avait été informé de la raison de la panique, continua d'avancer. La foule d'abord effrayée, battait des mains et saluait le roi.

Qu'était-il donc arrivé ? Au devant de l'escalier du palais des Beaux-Arts, un groupe de chaises s'était renversé, entraînant dans sa chute les personnes qui

y étaient assises. Les cris des gens tombés se réper-
cutèrent avec une · ·pidité foudroyante au milieu de
la foule voisine qui, nerveuse et peut-être sous la
crainte d'un attentat anarchiste, interpréta ce cri
comme la conséquence d'une bombe. D'ici la panique
imprévue et sa rapide expansion jusqu'au cortège
royal.

« Après cet incident, la foule étant sous le coup
d'une grande appréhension, d'autres tumultes semblables eurent lieu dans le cours du chemin.

« Il y eut beaucoup de contusionnés et de bles-
sés. »

Des formes simplement psychiques passant aux
formes criminelles, j'ai recueilli les faits suivants :

Le mois de février de l'année 1901, a, comme on
sait, été très froid en Italie et à l'étranger, et il a
été en même temps rempli de phénomènes psycho-
collectifs, où il a agi comme facteur météorique plus
que comme facteur moral.

Voici des exemples :

Le jour du 11 février, la foule à Rome rompit la
palissade qui entoure la fontaine des Thermes et se
disputa la vue des figures de Rutelli puis voulut brû-
ler la palissade. Des ouvriers faisant partie des tra-

vaux, pour sauver cette palissade de l'incendie, la démontèrent en un instant. La foule applaudit frénétiquement et voulut voir l'eau jaillir; il était à ce moment 7 heures du soir (*Avanti*, 11 febbraio 1900).

A Madrid, le soir du 13 au 14 février, il y eut des émeutes, que nous résumons ici :

13 février, la foule assaillit en un clin d'œil le Couvent des *Reparadoras*. Les religieuses, pleines de terreur, sonnent le tocsin et courent à l'aveuglette sur les toits. La cavalerie éloigne la foule avec peine.

La nuit survenant, les faits s'aggravent : la foule, à la lueur des torches, court les routes, dévastant, menaçant les églises et les couvents, lançant des cris et distribuant des manifestes révolutionnaires. Elle a déjà pénétré en des magasins différents, elle s'est armée, et de la rue, et des balcons elle répond à la charge de la troupe par des coups de feu, ou par des meubles jetés du haut des fenêtres sur les soldats.

Ceci se passait vers minuit : à la pointe du jour seulement l'émeute finissait.

La nuit du 21 février 1848 à Palerme, le peuple court aux prisons de Sainte-Anne, où on avait enfermé des agents de police bourboniens, pour les arracher aux vengeances particulières, et après avoir abattu les portes, il en massacra la plupart. Un petit nombre seulement échappa à cause de son innocence reconnue par le peuple même (1).

Glanant par-ci par-là, je trouve encore que les émeutes de Gravina, suscitées par les actes des autorités, arrivèrent au mois de septembre 1892 ; que la grève et les émeutes de Volterra arrivèrent dans le mois d'août 1892 (2) ; que l'émeute de Bellune contre un conseiller municipal qui avait émis un vote désagréable à la foule, arriva le 8 mai 1897 (3).

De même, il y eut au mois de janvier 1901, à Cosenza, dans le théâtre, une émeute de la foule contre les agents de police, ceux-ci en sortirent maltraités et il fallut pour faire cesser cette émeute l'intervention de la troupe.

L'étincelle de l'émeute fut un enfant, qui troublait le spectacle au théâtre et auquel un agent de police avait intimé l'ordre de sortir ; alors un garçon se leva et prit la défense de l'enfant. On intima à celui-ci l'ordre de sortir aussi, et comme il s'opposait aux ordres de l'agent, celui-ci l'attacha comme un chien avec la petite chaine qui sert à lier les poignets des prisonniers, puis commença à le traîner dans le par-

1. A. CUTRERA. *La mafia ed i mafiosi*, Reber, édit., 1901.
2. SIGHELE. *Folla delinquente*, parte III, an. 1895.
3. OTTOLENGHI « La suggestione nei reati collettivi ». Estratto della « Scuola Positiva », an XI, fas. 2.

terre, tandis qu'il poussait des cris perçants. Ce fut alors que des chaises volèrent des loges, tandis qu'en bas on attaquait, désarmait et blessait les gardes.

Remontant aux exemples historiques, je trouve encore : que l'émeute, où Alviti fut tué et eut la tête coupée et promenée par la foule, tandis qu'on portait son corps en procession entre des flambeaux et des musiciens, ramassés dans les carrefours, arriva le soir du 5 octobre 1859 ; que les journées de septembre arrivèrent après les chaleurs torrides du mois d'août 1792 ; que la descente du Mont-Labro de David Lazzaretti arriva le 18 août 1878.

· Résumons : quelle est l'importance du facteur météorique sur les phénomènes collectifs ? C'est d'être une des causes déterminantes ; l'ignorance des foules, l'action des *meneurs*, les discussions politiques et sociales en sont les causes profondément vraies et prédisposantes. Mais elles seules ne suffisent pas ou, du moins, n'expliquent pas tout, si l'on ne tient pas compte des ivresses de soleil et de chaleur, des marées électriques, et du facteur météorique (1).

1. HALL CAINE, dans un roman que nous avons cité précédemment, nous raconte l'épidémie mystique, qui saisit le peuple de Londres attendant la fin prochaine de la grande

métropole. Le romancier imagine que l'épidémie se déroule pendant un mois d'août lourd, et nous décrit les fermentations psychologiques, l'anxiété, la peur folle de la foule, quand, au jour du Jugement attendu, l'orage éclate, tandis que Jean Storm, le pâle ascète, tonne contre la Babylone moderne qui doit être bouleversée dans l'abîme profond de ses vices et de ses crimes.

L'auteur, par une heureuse intuition du vrai, nous présente des phénomènes de contraste ; les journaux qui se moquent des craintes maladroites de la foule, tandis que la haute société célèbre ses saturnales, juste à l'heure où la foule tremblante prie.

Mais lorsque le jour fatal d'août s'est écoulé, sans que la prophétie redoutée se soit vérifiée, la foule qui a baisé le terrain que Storm a foulé, qui, dans une folle ivresse de fin prochaine, s'est révoltée contre le gouvernement établi, se soulève contre le *meneur* et le tue. Il ne reste à Storm que le dévouement des femmes pieuses et Frère Andrée.

CHAPITRE IV

« Meneurs » médiats.

Dans les pages précédentes nous avons cherché à scruter la psychologie des *meneurs* que nous avons appelés immédiats, par la manière et par le sujet sur lequel ils agissent.

Si nous voulions résumer dans une seule pensée le mécanisme psychologique de leur œuvre, nous devrions dire qu'ils agissent sur la foule par similarité. En effet, il y a entre la foule et eux un fond idéo-émotif commun, que le *meneur immédiat* exagère par une correspondance sympathique de pensées et d'affections, car il est l'enfant de la foule, dont il incarne l'âme pendant un instant, et à laquelle il revient pour se fondre et disparaître en elle. Ses moyens sont la parole et le geste, le truc et la fiction scénique, joints ou non à la suggestion mélodique ; son champ d'action, en général, c'est le théâtre, où la foule se réunit et confond, dans le cercle court de l'heure et de l'espace, les âmes sans nombre dans un seul battement de cœur.

Mais quelle différence existe entre la foule éparse ou public, et son *meneur médiat*, agissant par d'autres moyens plus aptes à faire pénétrer dans l'âme éparse de la foule, son œuvre, et qui, s'il agit parfois par similarité, agit aussi par contraste.

Nous avons dit dans un de nos ouvrages, que de la foule réunie, on ne passe à la foule éparse, qu'au moment où seulement l'homme a pu répandre au loin ses émotions, par d'autres moyens que ceux immédiats de la parole, de la mimique et du geste. C'est seulement alors qu'on voit surgir cette forme tout à fait moderne de foule : le *public* qui a comme force de transmission émotive le journal, la revue, le livre : l'imprimerie en un mot (1).

Alors seulement est possible, ajoutons-nous, le phénomène de suggestion par contraste, dans lequel le *meneur* domine, non par ce qu'il a de commun avec la foule, mais par ce qui l'en sépare.

Ceci se rapproche des deux formes de pénétration des aiguillons dans la foule ; dans la foule statique

1. P. Rossi. *Psicologia collettiva*, pag., 17 e seg. Milano, 1900.

cette pénétration de l'aiguillon est rapide, c'est pourquoi nous recevons ces idées et ces émotions — ces
dernières surtout — qui non seulement ne sont pas
discordantes en nous, mais qui sont les nôtres mêmes.
L'esprit les a longuement caressées et a été enchanté
par elles, et ce sont elles qui viennent à présent du
dehors, comme un consentement jusqu'en la partie la
plus profonde de nous-mêmes.

Voilà pourquoi quand une idée, ou nouvelle ou
opposée à notre esprit, se présente et cherche à
nous pénétrer, nous nous refusons à l'accepter. Nous
lui fermons la porte, en lui niant l'attention qui est
la première et indispensable forme du consentement
aux idées des autres.

Or, si cela arrive chez les personnes ignorantes
autant que chez les érudites, parce qu'il n'appartient qu'à un petit nombre d'élus d'être entêtés contre la vérité contenue dans la pensée des autres,
lorsque celle-ci ne répond pas à la nôtre : comment et
en quelle mesure cela ne doit-il pas arriver dans la
foule, laquelle par ses hurlements, par ses cris, par
ses désaveux, manifeste la volonté inconsciente de
ne pas les recevoir, niant l'attention, et fermant la
porte d'entrée de son cerveau à ces idées.

Pour qu'une idée et un sentiment contraire nous

pénètrent, il faut qu'ils s'infiltrent lentement, à moins que le cerveau ne soit préparé à les recevoir de longue main et comme sans s'en apercevoir. Après s'être infiltrés, il faut encore qu'ils combattent avec nos états conscients et, qu'ils arrivent à vaincre et à atténuer quelques angles et quelques visions trop âpres. Ceci ne peut pas arriver autrement que d'une manière lente et répétée, par une sorte de substitution moléculaire, dirais-je.

Il n'est peut-être rien de plus utile que la manifestation, impersonnelle et répétée bien des fois, de la pensée traduite dans le livre, dans la revue, dans le journal. Ceci se vérifie dans le fait particulier de la psyché individuelle, autant que dans la foule éparse, où le *meneur* peut agir et où il agit, comme nous venons de le dire, par contraste.

Pour nous résumer, disons que tandis que le *meneur* immédiat agit sur la foule réunie par similarité, le médiat agit sur la foule éparse par contraste. Mais ceci ne doit être accepté que comme on dit *cum grano salis.*

C'est-à-dire que la similarité et le contraste appartiennent à chaque *meneur* immédiat ou médiat dans la généralité des cas, mais non dans tous, et d'une manière pas assez absolue pour qu'il n'y ait pas quelquefois des exceptions à la règle commune.

La *similarité* et le *contraste* répondent aux deux manières d'association et de suggestion d'idées dans la psyché individuelle et dans la collective et, nous pouvons ajouter encore, dans la psyché sociale. Bien que paraissant être deux manières différentes d'association suggestive, ce ne sont que des moments différents ; car, lorsqu'une idée a dominé, depuis longtemps l'esprit, elle lui rappelle presque par vertu propre ou par épuisement, l'autre idée tout à fait opposée.

Deux choses découlent de ce que nous venons d'examiner : 1° que le phénomène de similarité est la règle, tandis que le contraste est l'exception car il représente la fatigue de l'esprit, individuel ou social ; 2° que par conséquent, le *meneur* immédiat et *similaire* y a recours plus fréquemment, tandis que le phénomène du *meneur* médiat et de contraste est plus rare et relié à des phénomènes plus largement sociaux. Il est presque le *meneur* des époques critiques du monde.

Si le *meneur* immédiat et similaire appartient, sans discussion, à la psychologie collective, le *meneur* médiat et de contraste reste sur l'extrême limite, où reposent beaucoup de phénomènes de toutes les sciences. Il est sur le seuil de la psychologie collective et de la psychologie sociale. De sorte que nous ne l'étudions que pour jeter, par comparaison, une plus grande lumière sur les *meneurs* immédiats, qui forment le thème certain et principal de notre travail, et pour donner, autant que possible, une vision intégrale de la psyché collective, même au point où elle commence à s'agrandir dans un cadre plus vaste.

Entrant dans la psychologie des *meneurs* médiats, je dirai qu'ils sont des gens de mentalité différente de la foule sur laquelle ils agissent, et que la différence vient chez eux de raisons de race, d'éducation et de naturel.

Commençons par le naturel, qui est le facteur le plus sûr et le plus actif chez les *meneurs* de contraste.

En général les *meneurs* de contraste ont des naturels exquisement sensibles, qui sentent les premiers et propagent les changements inaperçus et inconscients de l'âme collective. Ils sont des représentatifs non de l'état de conscience présent, mais de l'état de conscience futur, qui va naître dans l'inconsciente psyché de la foule. Ils le pressentent, le composent en forme déterminée, l'élaborent et le retournent à la foule, qui en fait le nouveau but actif de l'avenir.

Qui ne sait que les pessimistes — ces malades de l'esprit qui finissent quelquefois dans les hôpitaux de fous — sont ceux qui révèlent à leurs contemporains toute la douleur d'un âge, inconnu ou peu compris avant qu'ils vécussent. (1)

Car il y a chez eux une double faculté de pressentiment et de plasticité, par laquelle ils donnent une forme concrète et précurseuse à des penchants incertains, vagues, inaperçus Ils sont, comme dirait Stelio Effrena, le protagoniste du « Feu », le roman de M. d'Annunzio, des *immaginifici*, parce qu'ils donnent au sentiment une forme concrète de construction théorique et idéologique.

C'est dans la seconde période de leur vie, qu'ils deviennent les précurseurs des vagues penchants et s'élèvent à la fascination et à la suggestion de *meneurs* (2).

Après le naturel vient l'érudition, laquelle, quand elle est différente de celle de la foule sur laquelle on

---

1. PATRIZI. *Saggio su Giacomo Leopardi*, cap. 1, Bocca, 1893 e *Critica sociale*, an 1893, n° 22, 23. *Felice Monigliano, Socialismo e pessimismo*.

2. P. ROSSI. *Mistici e settari*, p. 265, e sig.

agit, finit par donner une vertu suggestive au *meneur*, par le phénomène de fatigue, où l'âme, reposée longuement dans une idée, sent renaître en elle l'idée opposée.

Toutes les vicissitudes variées et différentes de la littérature témoignent : qu'aussitôt qu'une direction s'est affirmée et s'est rendue prépondérante, il s'en détermine une autre qui prend sa source d'une ou de plusieurs personnes d'une érudition et d'une mentalité différentes de celles qui avaient dominé précédemment.

On peut dire la même chose — et peut-être avec plus de raison — de la philosophie.

La race est enfin le troisième facteur qui concourt à donner au *meneur* ce ton de contraste. Car quelquefois la mentalité différente, bien plus que du naturel exquisement précurseur de penchants inaperçus, découle de la manière variée de concevoir les choses et de les réunir en des produits psychiques, et cette manière se réfère à des vertus ethniques, bien plus qu'à des différences individuelles.

C'est ainsi que bien des *meneurs*, politiques ou militaires, d'origine étrangère, purent dominer une foule différente d'eux-mêmes par mentalité et par

fond émotif, qui attendait, presque, ces *meneurs*
pour qu'en l'intégrant ils la rendent apte, à la
mission historique particulière de son propre temps.

La raison, donc, du succès de ces *meneurs* de
contraste par des questions de race, ou, comme dit
M. Ferrero, par *loi de singularité* (1), repose sur
deux faits : 1° diversité de caractère et naturel de
domination, d'où une foule sent le besoin d'intégrer
sa vertu avec la vertu opposée à la sienne, c'est
pour cela qu'on dit de ces *meneurs*, qu'ils *sont venus*
à propos, c'est-à-dire quand le moment historique
les demandait, qu'un charme les entourait, et qu'ils
sont disparus à temps, lorsque la mort les saisit au
faîte de leur œuvre, avant que l'auréole de la gloire
et de la suggestion les abandonne.

Car ceux qui survirent à leur mission historique
et qui voulurent vivre et dominer, même lorsque les
raisons, dont ils avaient dérivé le succès, avaient
cessé d'exister, passèrent ignorés dans l'histoire,
parce qu'ils ne comprirent pas l'esprit des temps
nouveaux.

César Borgia, Napoléon, Parnell étaient — comme
le remarque M. Ferrero — des étrangers ou alliés à

1. GUGLIELMO FERRERO, *L'Europa giovane*, pag. 5 e seg.
Milano 1897, édit. Treves.

des familles étrangères ou natives d'autres pays. De là
vient, peut-être, qu'ils s'élevèrent, par contraste sur
la foule, si différente d'eux-mêmes et si besogneuse,
pour les inconscientes fins historiques, de leurs idées
tout à fait opposées à celles de la foule.

Mme de Staël fut à bon droit un de ces esprits élus
qui exerça le mieux parmi ses contemporains, un
pouvoir plus élevé et plus différent de contraste. On
trouve chez elle les qualités, dont ce pouvoir dérive,
c'est-à-dire une mentalité tout à fait différente de
celle de son temps ; et une origine qui la rendait
étrangère au pays, où elle était née et dans la langue
duquel elle écrivait. Car il ne faut pas ignorer
qu'elle, qui avait écrit l'éloquente *défense de la
reine*, était restée la disciple dévouée et nous dirons
presque, l'épigone des théories de Jean-Jacques
Rousseau et de la philosophie du XVIIIe siècle. De
ces théories et de cette philosophie elle avait hérité
d'une foi immuable dans le progrès, obtenu à l'aide
du triomphe de la raison humaine et se traduisant
dans la liberté et dans la justice. C'est d'elle le mot
*que la foi sur les progrès futurs de notre espèce
est la plus religieuse qui soit sur terre ;* et c'est ce
mot qui, tandis qu'il la réunit à la philosophie de ce
siècle, qui ne fut pas le sien, la différencie de ses

contemporains et lui donne sur eux ce charme secret que nous appelons charme de contraste.

A cette mentalité d'autres temps, se joignait chez Mme de Staël son origine étrangère, qui, en la rendant incapable de pénétrer au fond des intimes sentiments intérieurs de la grande âme latine, la rendait en même temps capable de comprendre parfaitement l'âme du nord, pour les destinées de laquelle elle fut presque la première à propager les sentiments. On sait, en effet, que c'est d'elle que prit naissance la théorie, dont M. Taine fut après elle le continuateur et le divulgateur, théorie qui se résume dans le radieux espoir d'une civilisation européenne, initiée et accomplie par les races du Nord.

On sait encore que, pendant longtemps, elle ne comprit pas les vives aspirations de l'Italie, jusqu'au jour où une étude longue et passionnée jointe à l'amitié des esprits les plus élevés de l'Italie, les lui eussent révélées (1).

La raison du succès de Frédéric Guillaume Nietsche, selon un de nos plus aigus et plus profonds philosophes, repose sur un phénomène de contraste, car il

1. LUIGI CRETELLA, *Donne nella storia e nell'arte,* an 1901, Trani, p. 55 e seg.

est « le partisan d'une doctrine diamétralement opposée à toutes les théories démocratiques, sociales et égalitaires (1). » Or, qui ne sait que la pensée d'un tel homme a dû sembler un grand paradoxe de toutes les raisons d'être de la vie moderne ? C'est pour cela que coururent à lui tous ceux qui sont attirés autour du pôle opposé de la pensée dominante d'une époque, soit par raison, soit par intérêt, soit par de nouvelles attitudes.

On remarque encore que Nietsche était d'origine polonaise. Bien plus, comme l'écrit un des scrutateurs les plus passionnés de la vie de Nietsche, M. Zoccoli : « la persuasion de cette origine le faisait plonger avec une plus grande insistance dans le rêve de ses aspirations destructives » (2) et lui faisait songer à une nouvelle espèce de philosophes et de gouvernants, en comparaison desquels tout ce qui fut dans le monde d'esprits mystérieux, redoutables et humanitaires, ne sera qu'une pâle et sombre image. C'était la vision de ces *meneurs* idéaux qui luisait dans l'âme de Nietsche, de ces *meneurs* qui devaient rompre l'illusion « dans l'exubérance de confiance aux

1. BARZELLOTTI, *La filosofia di Federigo Guglielmo Nietsche* in *Nuova Antologia*, 16 octobre 1900, page 568.
2. ZOCCOLI, *Federico Nietsche*, page 31. Bocca, 1901.

idées modernes ». M.Zoccoli remarque à ce propos que
faire de la critique systématique ici ce serait une naï-
veté. Ce qui nous importe de confirmer ici c'est que
sa philosophie est — selon M. Petrone (1) — toute
une réévocation atavique. « Ses invectives contre le
Christianisme sont des échos de la philosophie ency-
clopédiste, précisément comme ses *Uebermenschen*
et ses *frele Geisteir* sont les plus jeunes frères des
Esprits forts d'il y a un siècle. — Quoi de plus ?
Même sa morphologie de la volonté, de la force et du
domaine est une *réviviscence atavique* du scepti-
cisme moral de la sophistique. » C'est donc dans cela,
dans cette position de contraste, à n'avoir pas compris ni *l'âme allemande*, ni celle de son temps, que
réside le charme secret de son œuvre et la vraie raison du succès suggestif, qui a fait de Nietsche un
meneur médiat et de contraste. Lorsque nous essayâ-
mes de déterminer la raison de suggestion collective, aucune ne nous sembla plus propre à expliquer
les phénomènes particuliers, que l'intime constitution psychologique des *meneurs*, qui trouvent la
source de domination de la foule dans la multani-

1. PETRONE, cité par ZOCCOLI à page 273 du même
ouvrage.

mité de leur âme. Cependant, il n'est pas donné à tous de présenter avec le même degré et la même intensité le pouvoir multanime ; les tragédiens en sont le plus largement doués ; les orateurs, les guerriers viennent après, tandis que la multanimité se préannonce chez les *meneurs* enfantins, où — comme je viens de le dire — éclate l'homme.

Ce sont tous les *meneurs* immédiats, qui agissent par *similarité* sur la foule, auxquels on peut opposer les *médiats*, qui agissent par *contraste*. Mais médiats ou immédiats, les *meneurs*, sont les révélateurs insoupçonnés de l'âme complexe de la foule, et plus que de la dominer ils en sont dominés eux-mêmes.

Leur œuvre est œuvre de *suggestion*, d'où le nom de *suggesteurs* peut être employé dans une acception psychologique plus profonde que celle de *meneurs*, qui ne conçoit qu'un seul moment de variété de foule et de dominateurs (1).

Au moment suggestif, l'onde nerveuse et psychique, en courants reflués, va de la foule au suggesteur

1. ... « Ces prédestinés de l'histoire qui portent dans leur âme propre celle d'un peuple ou de plusieurs générations ». *Jacques Barzellotti* « Ippolito Taine », page 227, Löscher, 1895.

et du suggesteur à la foule. C'est en cela que la suggestion collective diffère de la suggestion individuelle, dont elle n'est pas seulement un genre plus élevé, mais un phénomène différent, car l'accroissement quantitatif de psychés et de circonstances se change en un fait qualitatif nouveau, qui est la suggestion collective, ou contagion.

A la vue de ces larges et nouveaux horizons, il m'a semblé que la suggestion pouvait être un objet d'études pour le psychologue de la foule. Car, si l'idée du *meneur* n'était pas nouvelle, sa psychologie, cependant, restait enveloppée dans la pénombre fantastique de l'intuition, plutôt que dans la claire lumière de l'analyse patiente et de la recherche scientifique.

Chapitre V

La valeur sociale des « meneurs » (1).

Arrivé maintenant à la fin de cette étude sur les *meneurs*, il nous est permis de nous demander : quelle valeur sociale ont-ils ? Cette question, importante par les difficultés qu'elle contient, l'est encore plus par les buts pratiques de cette science ardente et passionnée de la foule : de cette foule, qui méprisée hier, va solennellement acquérir une place dans l'histoire, non plus grosse de tempêtes et de haines, mais prometteuse de justice et de paix.

Revenant à la valeur sociale des *meneurs*, je dis que le problème se dessine plus ample et plus vaste qu'il ne semble d'abord. Il se rapproche du problème plus général de l'influence des grands hommes sur l'évolution humaine. Et parmi ces grands hommes entrent certainement les *meneurs* médiats et de contraste.

1. Ce chapitre n'était pas compris dans l'édition italienne, Il a été écrit spécialement pour la traduction française.

Nous venons de dire que le problème est vaste ;
nous ajoutons à présent qu'il est vieux, étant venu à
l'esprit des anciens écrivains et des anciens philosophes.

La littérature sur cet argument doit être divisée
en deux stades : en un premier moment, très ancien
du reste, où le problème se pose d'une manière
inconsciente et partiale, et en un second moment
tout récent, où il se dessine dans son ampleur. Et
cela seulement pour ce qui regarde les *meneurs*
médiats, car pour les immédiats, qui sont, du reste,
les véritables *suggesteurs*, le problème est encore
vierge et inexploré, comme tant de problèmes sur
la foule, qui inconnus la plupart jusqu'à hier, sont
encore peu connus à présent.

I

MENEURS MÉDIATS ET LEUR VALEUR.

La philosophie grecque, par cette fine et heureuse intuition de tous les faits attenants à la
nature humaine, se posa, et depuis longtemps, le

problème de la fonction que les personnalités supérieures et émergentes exercent sur la genèse et sur l'évolution sociale.

Il faut, cependant, dire que le problème ne parut pas aux philosophes grecs aussi général et aussi clair, qu'il se présente aujourd'hui devant nous. Il eut un caractère et un but pratique avant tout, et il trouva un consentement large et général dans l'opinion publique et dans la tradition. En effet le seul champ, où le problème se pose scientifiquement, c'est sur l'origine du langage.

Si nous en devons croire l'incertaine tradition qui enveloppe depuis tant d'études critiques, des premières écoles philosophiques jusqu'à Socrate et aux sofistes, le premier à poser le problème fut Démocrite. Si pour Héraclite les mots étaient « des images vocales » (ἀγάλματα φωνήεντα); pour Démocrite, au contraire, elles étaient des *statues vocales*, créées par un homme supérieur et acceptées par les autres (1). Épicure se lève contre lui, et Lucrèce, en en déguisant poétiquement la pensée, chantait ainsi (1) :

1. LUCRÈCE *De natura rerum*, Livre V° vers 1040-1055.

Putare aliquem tum nomina distribuisse
Rebus, et inde homines didicisse vocabula prima,
Desipere est : nam cur hic posse cuncta notare
Vocibus, et varios sonitus emittere linguae,
Tempore eodem aliei facere id non quisse putentur ?
Praeterea, si non aliei quoque vocibus usei
Inter se fuerant, unde insita notities est ?
Utititas etiam, unde data est huic prima potestas,
Quid vellet facere, ut sciret, animoque videret ?
Cogere item plureis unus, victosque domare
Non poterat, rerum ut perdiscere nomina vellent :
Nec ratione docere ulla, suadereque surdeis,
Quid sit opus facto ; faciles neque enim paterentur,
Nec ratione ulla sibi ferens amplius aureis
Vocis inauditos sonitus ablundere frustra.

Mais si le plus grand poète-philosophe de l'antiquité écrivait ainsi, il faut dire cependant que l'opinion de Démocrite trouvait un consentement dans la croyance populaire, consacrée par la tradition ; l'une et l'autre habituées à assigner une origine individuelle à chaque œuvre collective. D'où Athènes avait été bâtie par Minerve, Rome par Romulus, Cérès et Pallas avaient créé l'agriculture, Numa les rites religieux. Soit que nous voulions voir dans la philosophie de Démocrite et dans l'opinion vulgaire sur la genèse individuelle des grandes œuvres collectives une illusion de l'esprit qui, en cherchant, perd le sens du vrai ; soit, au contraire, que nous voulions y voir un de ces *procédés de réduction* (comme je les appelle), qui sont une partie de la mémoire de la foule, où tout un mouvement actif de collectivité est symbolisé dans un héros représentatif ; une chose est vraie, c'est que la philosophie de la Grèce, qui eut tant de pénétration à l'égard de l'origine des mondes, n'en eut pas une pareille à l'égard de la genèse sociale de la parole et du langage.

Le moyen âge ne s'occupa pas de la question. Pour trouver un écrivain qui présente de nouveau à l'examen de l'intelligence le problème de la genèse individuelle ou collective des faits humains, il faut arriver jusqu'à Vico. Celui-ci, dans son ouvrage *De antiquissima italorum sapientia*, se rapprocha de l'idée de Démocrite, et opina que le langage, non moins que tous les produits sociaux, avait été originairement inventé par un collège de savants, d'où par un rayonnement imitatif, il s'était répandu tout autour (1). Ce fut seulement plus tard que la foule lui parut créatrice de toutes les choses : mœurs, lois, etc. ; bien qu'elle incarnât parfois ces vastes événements collectifs dans un type idéal, dans un héros éponyme.

1. Voir CHARLES CATTANEO. *Su la Scienza nuova di Vico*, p. 87, Lemonnier, 1892.

Le problème de la genèse du langage se présente de nouveau, et cette fois dans la maturité des temps, devant l'esprit de deux savants de glossologie : de Renan et de Max Muller qui le résolvent dans un sens collectif et si le premier regarde le langage comme « issu instantanément du génie de chaque race », le second le réunit à un « instinct de l'esprit irrésistible comme les autres instincts » (1). La science aujourd'hui a fait justice « du génie de la race », création mythique qui jette l'ombre sur la genèse collective des produits sociaux ; comme de « l'instinct » qui fut jadis un aisé *refugium ignorantiae*, et elle est retournée aux vives intuitions de Lucrèce sur les origines naturelles et collectives du langage. Mais dès ce moment le problème s'élargit et se pose d'une manière générale pour tous les produits de l'esprit, tel que Vico l'avait posé. D'un côté se placent Emerson, Carlyle, Tarde et toute l'école individualiste, parvenue aux plus douloureuses exagérations de Stirner et de Nietsche ; et de l'autre le courant social représenté par Taine, par Lamprecht et par d'autres ; tandis que plus vraie entre ces deux

1. LABOROVOSKY. *Origini del linguaggio*, p. 25 et 26, ouvrage cité.

directions se place un troisième courant qui regarde
le génie ou le héros comme le révélateur des penchants inconscients de la foule, même quand il n'est
qu'une force d'opposition et de contraste, en réunis-
sant ces mouvements qui, à un moment historique
donné, n'existent pas dans l'âme collective. Donc,
héros et foule, génie et peuple, ne sont pas des termes contradictoires, mais des termes nécessaires de
l'évolution humaine. L'un c'est le miroir courbe, où
se réunissent les vibrations lumineuses éparses de la
foule ; l'autre c'est l'éther immense, où se forment
les vibrations, qui assemblées en des faisceaux de
lumière, se répandent en rayonnements imitatifs,
produisent des adaptations et des contrastes nouveaux (1).

Le premier aspect du problème ainsi résolu, émi-
gre en vérité de la psychologie collective, pour
entrer dans la sociologie ; examinons maintenant la
valeur sociale de la foule et des suggesteurs.

1. BARTH. *Die philosophie der Geschichte als sociolo-
gie* ; GROPPALI : *La genesi del fenomeno scientifico* ;
SCILLACE : *Le dottrine sociologiche*, p. 32 et suiv. ;
ROSSI : *Psicologia collettiva*, et bien d'autres.

II

LA VALEUR SOCIALE DES SUGGESTEURS ET DE LA FOULE

Cette seconde partie du problème se présenta à l'esprit des premiers écrivains de la foule. Cependant, elle ne sortit pas des bornes de l'action criminelle — le seul côté alors connu de notre science — et dans celle-ci comme en d'autres questions, M. Sighele apporta une contribution d'idées personnelles, nouvelles et très nettes. Il se posa la question : y a-t-il vraiment une distinction entre *meneur* et *mené*, cette question posée par lui et par Tarde, avait fait tant de bruit au troisième Congrès d'anthropologie criminelle de Bruxelles (1) qu'après avoir répondu affirmativement à la première question, il passa outre, en affirmant que l'action du *meneur* existe toujours dans le crime collectif, même quand elle n'est pas apparente, contrairement à ce qu'avaient affirmé M. Bianchi (à propos des grèves agraires de la Lom-

---

1. TARDE. *Les foules et les sectes criminelles,* rapportée dans l'*Opinion et la foule.* Alcan, 1901, pag. 173.

bardie) et les écrivains russes (à propos des émeutes causées par la propagation de la peste, à travers l'empire du Tsar).

Par là, il allait prendre une attitude opposée à ce qu'on peut appeler (selon ce que nous venons de dire des *meneurs* médiats) : le courant individualiste dans la psychologie collective, et qui est représenté par M. Lebon et par M. Piazzi. Selon ces écrivains les foules ne sont ni criminelles ni normales. Elles sont ce que le *meneur* les fait « des atomes inconscients poussés par la suggestion » (Lebon), auxquels fait défaut tout pouvoir d'inhibition. (Piazzi) » Sighele, au contraire, partit des études sur les suggestions criminelles à l'état d'hypnose et de veille, et il en conclut que l'individu dans la foule peut recevoir la suggestion criminelle seulement lorsqu'il en contient le penchant latent et oublié au fond de sa propre conscience.

Non différemment de ce qui arrive dans le crime isolé, l'individu dans la foule cède à la suggestion criminelle par ce qu'un fond criminel trouve place dans son âme, qu'il y est toujours présent, et prêt à se montrer à chaque occasion ; ou il est latent sous les dernières et faibles stratifications de la psyché. De sorte que pour Sighele le problème de la responsabilité du crime dans la foule se résout à l'évaluation du penchant criminel et redoutable, qui fait partie de la foule criminelle. (1)

Après Sighele, je ne sache pas que la question ait été reprise et étudiée par d'autres, si l'on en excepte quelques fines remarques de M. le professeur Nina Rodrigues, se rapportant plus à l'irresponsabilité des individus faisant partie d'une foule criminelle, qu'à la valeur et à l'action des *meneurs*. En effet cet écrivain a pu démontrer qu'en certains cas « en mettant à part les *meneurs* déséquilibrés, névropathes et vraiment aliénés, il est possible que l'état de foule provoque une manifestation de folie transitoire. » D'où il résulterait que la responsabilité juridique de la foule se dégage complètement dans les cas où le délire collectif est indiscutable et qu'elle doit être atténuée dans les *états de foule* moins intenses. » (2) Comme on le voit, le problème n'a pas dépassé jusqu'à présent la phase criminologique, qui fut le premier aspect de la psychologie collective élevée à la dignité de science. (3) C'est à cette dernière phase, que

1. SIGHELE. *I delitti nella folla*, cap. III, Bocca, 1902.
2. NINA RODRIGUES. *La folie des foules.* Extrait des : *Annali medico-psicologici*, 1901, pag. 25 et 55.
3. P. ROSSI. La *psicologia collettiva nella* « Scuola positiva » fascicolo di maggio 1902, pag. 269 et 270.

disciple convaincu de cette science élevée qu'est la psychologie collective, nous demanderons de nous aider à résoudre le problème d'une manière plus ample, en lui donnant une base, et en élargissant les termes dans des limites plus grandes.

« Quelle est la valeur sociale des *meneurs*? » Cette question qui était prématurée il y a quelques années, est à propos aujourd'hui que nous connaissons, non seulement l'une ou l'autre variété de *meneurs*, mais l'entière psychologie du *meneur*, dans le côté sain autant que dans le morbide, dans l'ouvrage de suggestion médiate ou immédiate qu'il exerce.

Pour résoudre le problème, il faut poser cette question préalable : est-il vrai que chaque foule agissante suppose la présence d'un *meneur* ; ou n'est-il pas vrai plutôt, comme affirmèrent Bianchi et les docteurs Detken et Zakrewsky, au troisième Congrès d'anthropologie criminelle, tenu à Bruxelles (1), que parfois les *meneurs* peuvent y manquer ?

1. *Actes du troisième Congrès international d'anthropologie criminelle.* Bruxelles, p. 371 et 384. « Cette foule — écrit M. Detken au sujet des émeutes causées par la peste en Russie — aveuglée n'avait pas de chefs proprement dits, pas de *meneurs* ; ceux qui la conduisaient étaient loin d'être supérieurs à la moyenne de cette foule; au contraire c'étaient des inférieurs, des ivrognes, des imbéciles qui avaient une

Je crois que la remarque sur la foule criminelle se prête bien à la solution de cette question préalable qui, définie dans un sens ou dans l'autre, peut s'étendre ensuite à toutes les autres foules : normales, piétistes, épidémisées, folles, etc.

Or, la méthode à suivre dans cette occasion ne peut être que la suivante : revoir, critiquement, les cas qui ont été directement remarqués ou connus par intuition et décrits admirablement par l'art — par exemple l'émeute de Milan décrite par Manzoni (1) — sur laquelle Bianchi et d'autres basèrent la proposition qu'il peut y avoir des foules criminelles sans *meneurs*. M. Tarde en fait une revision critique très aiguë. Comme en physique, dit-il, il y a des

foi brutale et fanatique dans leurs conceptions étranges lesquelles reposaient sur des préjugés. Il n'y a pas eu de conjuration, pas eu de meetings. Cette foule, terrorisée par la panique du choléra, ne ressemblait pas à ces grévistes excités par des chefs qui ont accepté leur programme de revendication. » Comme il semble ressortir de ces lignes, M. le Dr Detken, non seulement nie la présence des *meneurs* en général, mais il nie encore la présence des *meneurs* fixes, qui par des qualités psychiques hautes et supérieures, s'élèvent au-dessus de la foule. Cette thèse, comme nous dit M. Tarde, fut développée la première fois par Mikhailowsky (Tarde, ouvrage cité).

1. LEGGIARDI LAURA. *Il delinquente nei* « Promessi Sposi », page 55 e seg. Torino Bocca, 1899.

ondes complexes, faites de groupes d'ondes, de même « tous les rassemblements tumultueux qui procèdent d'une émeute initiale, et qui s'enchaînent intimement les uns aux autres, peuvent être considérés comme une seule et même foule. » Et il ajoute que quand la contagion de l'émeute se répand, il suffit de l'œuvre d'un seul qui jette un cri, une pierre, ou les premières notes d'un hymne, pour faire mouvoir et agir la foule (1).

Ce sont les *meneurs latents* et *ignorés*, soit qu'ils agissent parfois dans le dessein préconçu de tourner la chose au pire, soit qu'ils surgissent du milieu de la foule, presque sans savoir eux-mêmes pourquoi ils jetèrent ce premier cri, qui eut ensuite tant de pouvoir de suggestion imitative. Nés de cet état de délire et de trouble que M. Rodrigues appelle heureusement et avec raison *état de foule* (2), ils rentrent presque toujours dans la foule anonyme, et restent à jamais ignorés.

Parfois, cependant, ils continuent à s'élever et à

---

1. TARDE, ouvrage cité, p. 174 et 175.

2. « L'état de foule est évidemment un état d'exaltation passionnelle collective où disparaît le contrôle de la vie cérébrale et avec lui la personnalité consciente et le discernement ». RODRIGUES. *La folie des foules.* Extrait des *Annales médico-psychologiques*, 1901, p. 9.

dominer pendant un temps plus ou moins long ; de la même manière qu'il arrive pour les qualités de l'esprit, que nous nous ignorions ; mais qui, dévoilées à nous par une circonstance fortuite, durent autant que celle-ci et se représentent avec elle, ou se perpétuent encore comme une, et quelquefois la principale, de nos formes mentales.

Les remarques de Tarde et les miennes peuvent être confirmées par quiconque voudrait revoir dans un but critique la relation de M. Bianchi sur les émeutes du *Haut Milanais*, où se montre clairement l'enchaînement des foules tumultueuses l'une à l'autre par contagion imitative, presque comme des grains de poudre qui déflagrent ; et où apparaît encore l'œuvre des *meneurs* ignorés et anonymes, créés par l'*état de foule* et qui durent autant que celui-ci et souvent moins.

Ainsi, là c'est une voix inconnue qui s'élève de la foule et son écho répété donne le cri de l'émeute ; là c'est une pierre jetée par une main également inconnue (1), qui marque le commencement du tumulte.

Alexandre Manzoni, par cette intuition de la foule

---

1. Cette relation de M. Bianchi fait partie de l'œuvre de M. Scipio Sighele. *I delitti della folla*, p. 192, Bocca, 1902.

qu'il posséda en maître, nous décrit pareillement ceux que nous avons appelés *meneurs latents*, qui dans les tumultes de Milan « remarquaient avec beaucoup de plaisir, que l'eau allait se troubler ; et cherchaient à la troubler davantage, par des raisonnements et par des histoires que ces rusés savent composer et que les âmes altérées de vérité savent croire. » (1) Il ne dessina pas différemment les *meneurs* qui s'élèvent de l'*état de foule*.

« On se pressait — écrit-il — et on s'arrêtait, gênés, hésitants dans un bourdonnement confus de contrastes et de consultations. Sur ces entrefaites une voix maudite éclata au milieu de la foule : il y a à deux pas la maison du vicaire, des provisions ! allons faire justice, allons piller ! » Ce fut comme le souvenir d'un accord pris, plutôt que l'acceptation d'une proposition. « Chez le vicaire, chez le vicaire ! » c'est le seul cri que l'on puisse entendre. La foule se meut toute ensemble. » (2) Ainsi — pendant ces tumultes causés par la faim — les petites émeutes se répercutaient et s'occasionnaient alternativement par les rues de Milan, par le récit qui en courait de bouche en

---

1. Voir *I promessi sposi*, page 149, Milano, 1879.
2. Voir *I promessi sposi*, pages 155 et 156.

bouche et par la contagion transportée matérielle-
ment, presque par la contagion physique des fragments de foule qui se dispersaient en un point pour
s'épaissir dans un autre, et pour former de nouveaux
noyaux de fureurs et d'émeutes, commes font des,
gouttes d'eau éparses sur une même pente (1).

Pour comprendre comment en ces occasions il
suffit d'un cri, d'une pierre, de l'œuvre fugace d'un
meneur pour éveiller tant de commotion, tandis
que d'autres fois des suggestions et des aiguillons
plus énergiques restent infructueux, il suffira de
tenir compte du facteur anthropologique, bio-psychique et social des composants de la foule, ce facteur se
trouve d'un côté dans la supériorité numérique de
femmes, d'enfants, de dégénérés, de névropathes,
de criminels ; de l'autre côté dans l'onde pressante
du misère, de douleurs, d'ignorance, de survivance
et de résurrection atavique d'états de conscience
passés.

Nous avons donc affirmé, comment la présence et
l'œuvre du *meneur* sont nécessaires à la vie de la
foule criminelle. Soit qu'il réfléchisse des sentiments
répandus dans l'âme des individualités présentes, et

1. MANZONI, *Ouvrage cité*, page 148-167.

qu'il donne à ces sentiments une formule, claire et
précise suggestionnant la foule vers le but final ; soit
qu'il crée, en des conditions favorables, ces sentiments et leur but, qui se répandent de lui à l'âme
des individus environnants par une suite d'efforts et
d'ondes initiales : sa valeur est immense.

Cela est vrai non seulement dans la foule criminelle, mais encore et bien plus peut-être, dans d'autres aspects normaux de la foule, cela apparaît
mieux, lorsqu'il n'y a pas de motif d'obscurcir la
vision de la réalité. Ainsi personne ne voudra mécon-
naître la valeur du tragédien, de l'orateur, du guerrier à créer et à diffuser des états de conscience.
Cela se voit mieux encore chez les *meneurs de contraste* ou *médiats*, qui font dériver des conditions
de singularité de leur esprit et de leur mentalité
une suggestion courte, il est vrai, mais non moins
importante. Mais, de même que ce serait fermer
les yeux à la vérité que de nier tout cela ; ce
serait une erreur et une simplicité naïves que de
nier toute puissance à la foule. La suggestion collective est comprise entre ces deux termes, qui ne sont
pas contradictoires, mais intégrants, ceux de *foule*
et de *meneur*. L'un reçoit, par exquise constitution
organique, les qualités du suggesteur ; de sorte

qu'au contact de la foule, la personnalité du meneur
assoupie et ignorée s'allume et fait jaillir des états
nouveaux d'âme, qui en font un *multanime*. Ce sont
ces états nouveaux qui, répandus dans la foule et réflé-
chis sur celui duquel ils partirent d'abord, acquièrent
une vitesse et une force inaccoutumées, produites
par la quantité des psychés individuelles sur lesquelles le *meneur* agit et qui vibrent alors jusqu'à leur
plus grande tension.

La foule est dans les conditions qui en font un
sujet de suggestion et qui se résument dans une
seule expression : état de foule. Il faut entendre par
état de foule la constitution particulière de la foule,
composée de femmes, d'enfants, amorphes, émotifs,
autant que les fermentations psychologiques qui s'y
développent. Avec ces dispositions organiques, la
foule porte encore en elle le contenu de la suggestion
même, soit qu'il s'agisse d'états idéo-émotifs déter-
minés ou de vagues états de conscience ; les uns,
autant que les autres, sont capables de la faire vibrer.
Toucher d'autres cordes, évoquer d'autres états
d'âme différents, c'est renoncer à des commotions
collectives, car, selon Janet, « idée inconnue ne sug-
gère rien ».

C'est en cela que repose la psychologie du *me-*

neur et de la foule. Cependant plusieurs écrivains
— parmi eux Gabriel Tarde, un écrivain de génie (1)
— n'entendent pas le problème sous cette complexité

Selon ceux-ci, ce qui est pensée, noble ou ignoble,
pauvre ou sublime, appartient au *meneur* ou au
génie ; ce qui est émotion, héroïque ou criminelle, à
la foule. Cette vérité ne conçoit le problème que d'un
seul côté !

Celui-là, seulement, qui regarde la foule à travers
des méfiances et des opinions préconçues et sous
l'angle visuel du crime, peut ne pas voir combien
elle collabore au contenu idéatif de la suggestion,
surtout lorsque cette suggestion devient moins rapide.
Ce fait, imaginé jadis, plus que remarqué, s'érige
aujourd'hui comme une vérité par les études avan-
cées des phénomènes collectifs, surpris dans leur
évolution: du couple au cénacle, et à la foule, comme
il résulte de l'examen que nous allons faire.

Scipio Sighele a été le premier qui s'est occupé
spécialement et avec des vues larges et générales
du couple, traité jusqu'à présent au seul point de
vue psychiatrique. En disciplinant les formes à deux,

1. TARDE. *L'opinion et la foule*, page 166, Alcan, 1901.

il s'inspira d'une règle, dirais-je presque extérieure au fait psycho-collectif, soit qu'il basât sa classification sur le but que le couple se propose, soit qu'il prît les conditions saines ou malades des individus qui composent sa classification. En se basant ainsi, il divisa le couple en sain, en suicide, en fou, en criminel — subdivisant ce dernier en infanticide, en familier, en couple d'amis — et de dégénérés, qui comprend le couple des *souteneurs*, des prostituées et des pédérastes (1).

« Rodrigues s'opposait à cette classification : « Il n'y a pas, dit-il, une foule vésanique distincte et parallèle aux autres espèces de foules : il y a, au contraire, à peine une foule vésanique aux formes multiples, opposée à la foule saine. Toutes, ou presque toutes, les espèces de foules peuvent être normales ou folles, ou si elles sont normales, elles peuvent devenir folles. Ainsi s'il y a un couple amoureux normal, il y a ou il y peut y avoir un couple amoureux fou. » (2)

Même en demeurant d'accord avec M. Rodrigues, il n'en est pas moins vrai que sa remarque commet

---

1. SIGHELE. *La coppia criminale.* Bocca, Edit.
2. RODRIGUES. *Les folies des foules,* page 6.

la même erreur de perspective que la classification
de M. Sighele : c'est-à-dire, qu'elle ne s'inspire pas
d'une vue rigoureusement psycho-collective. Elle
corrige, mais elle ne détruit pas l'idée de classification du champ criminel au champ psychique. Pour
le rejoindre, il faut s'inspirer de la nature, du degré,
du mécanisme de la *synesthèse collective*, dont tout
fait collectif se rapproche. C'est de ce point de vue
que s'inspira la psychiatrie dans l'étude des formes à
deux, lorsqu'elle les distingua en *folie imposée*, type
Lasègue — Falret; folie simultanée, type *Regis;
folie communiquée*, type *Marandon de Montyel*.(1)
Ce fut ensuite que vinrent nos études sur le couple
en général, au point de vue exclusivement psycho-
collectif. A ces formes, étudiées déjà par la psychiatrie et que nous avons présentées sous un nom
peu différent, nous en avons ajouté une autre fondamentale : l'imitative, laquelle comprend soit l'imitation à l'état de veille qui s'étend des traits extérieurs, jusqu'aux attitudes intérieures de la personnalité ; soit l'incitation qui se vérifie dans le stade
préhypnotique ou, de « fascination », où — selon
M. Morselli — la conscience du sujet hypnotisé même

1. RODRIGUES, ouvrage cité, page 20.

demeurant complète, on constate chez lui l'automatisme suggestif imitatif (1).

Après ces premières connaissances nécessaires,
je dis que quelle que soit la forme à deux : imitative,
induite, synchrone, toutes impliquent plus ou moins
la collaboration de l'incube et du succube dans le
contenu idéo-émotif : ce qui est, du reste, la note
principale de la forme que nous avons dite réciproque (2). Il y a dans ce fait comme en d'autres faits
sociologiques une division du travail, par lequel se
manifeste dans l'âme de l'incube le premier noyau
de l'idée ou de l'émotion, que le succube éduque,
tourne, augmente ensuite et quelquefois traduit en
action. « Une des particularités les plus étranges —
écrivait M. Sighele — de ces cas de doubles suici-
des par amour, consiste dans le fait que celui qui a
résolu le suicide et persuadé l'autre, n'est presque
jamais l'auteur matériel de sa propre mort ou de
celle de son ami ; celui qui porte le coup à l'aimé
puis à lui-même, est toujours le plus faible, celui qui

1. MORSELLI. *Il magnetismo animale, la fascinazione,
e gli stati ipnotici*, page 277 ; PAOLO VISANI SCOZZI. *La
medianità*, page 67 et 68.

2. P. ROSSI. *Psicologia collettiva morbosa*, page 11,
Bocca, 1901.

ne voulait pas mourir et qui n'a été poussé à cette dernière extrémité que par les insistances de l'autre. Ce phénomène est une nouvelle preuve de la division des fonctions que nous avons déjà remarquée et que nous verrons vérifiée dans le couple criminel (1). Cette observation devient peut-être plus vraie là où la suggestion se révèle dans un contenu intellectif, normal ou morbide. « Les lois — écrivait M. Rodrigues — qui régissent les manifestations épidémiques de la folie sont précisément les mêmes que Lasègue et Falret ont formulées dès 1877, pour le cas le plus simple de la contagion mécanique, le cas de délire à deux. Ces lois reposent sur trois principes ou bases. D'abord l'existence d'un élément actif qui crée le délire et l'impose à la foule laquelle représente l'élément passif de la contagion. En acceptant d'ailleurs les idées délirantes, la foule réagit à son tour sur l'élément actif en rectifiant, corrigeant et coordinant le délire qui, alors seulement, devient commun. »

Mais si la suggestion qui unit le succube à l'incube a un contenu intellectif normal, la collaboration est la règle. Imaginons les cas réellement vécus d'un

1. SCIPIO SIGHELE. *La coppia criminale*, pages 24 et 25, Bocca, 1893.

couple esthète, par exemple les frères de Goncourt ;
ou d'un autre couple, *pensant* et *agissant*, tels que
les deux grands agitateurs allemands : Marx et
Engels ; qui peut dire, alors, dans ces cas, combien de
cette unique pensée qui fit des deux une seule âme,
vibrante des mêmes émotions, appartient à l'un ou à
l'autre des composants du couple ?

Du couple remontant aux sociétés, aux sectes artistiques, politiques, philosophiques, nous avons remarqué
jadis que l'action des prosélytes n'est pas vaine. Ce
sont eux qui donnent la diffusion à la pensée sectaire
dans un premier moment ; puis si la pensée contient des germes de vie, nouveaux et complexes, ils
la corrigent, en l'intégrant. Ainsi la foule diffuse la
pensée d'un orateur, la commotion d'un artiste, le
courage d'un guerrier, la doctrine d'un esthète.

Si cela est vrai, pouvons-nous souscrire aux mots,
par lesquels Max Nordau gravait la valeur sociale
des *meneurs* ?

« Ce sont les grands hommes qui suggèrent ce
qu'on appelle l'âme du peuple, le caractère national
et tout ce qu'on considère erronément durable et
inaltérable. Des esprits isolés travaillent continuelle-
ment au changement du complexe de ces choses. Il
faut imaginer un nombre très petit d'hommes excep-

tionnels, qui demeurent devant un peuple ou mieux devant une race, de la même façon que Dumontpallier devant une femme hystérique et hypnotisée ; et ces hommes suggèrent au peuple ou à la race des actions et des sentiments, qui sont imités sans résistance et sans critique, comme s'ils étaient nés dans la conscience de la foule. Si ces hommes exceptionnels propagent la vertu et l'héroïsme, le monde voit surgir une troupe de chevaliers et de héros ; s'ils apprennent le vice et la bassesse, l'histoire enregistrera une époque de décadence pareille à l'époque byzantine.

Confucius crée un peuple de couards, Napoléon Ier, au contraire, une nation de guerriers et de vainqueurs (1). »

Celui-là, seulement, qui arrête le regard à la surface des ondes de l'histoire, peut croire que ces personnalités émergentes viennent de l'inconnu et naviguent vers la lumière et vers la vie, en entraînant les foules applaudissantes et sans nombre.

Mais le mirage se brise dans l'âme de celui qui fait de foule et de *meneur* deux forces, dont l'une n'est

1. NORDAU, *Paradossi*, p. 272-73, Milano 1885, Dumolard Editore.

pas active ou passive par égard à l'autre ; mais toutes les deux coopératrices de même façon pour créer et diffuser émotions et pensées.

Car dans le grand cercle de la vie, les forces s'originent mutuellement, et mathématiquement rentrent l'une dans l'autre, tandis qu'elles s'élèvent et se développent.

M. Ribot, dans son excellent ouvrage sur l'imagination créatrice, a écrit (page ‘ 16) que la meilleure
preuve du caractère individuel de l'invention géniale
consiste en ce que la foule n'acclame pas toujours
les inventeurs et quelquefois même les combat. A ce
propos, il faut observer qu'il n'en est pas toujours
ainsi : il y a moins d'inventions que d'inventeurs, que
la foule suit avec enthousiasme parce qu'elle s'y
reconnaît. Quant aux autres inventions, quoique
combattues par la foule, plusieurs d'entre elles étaient
contenues en germe dans des mots et dictons populaires: c'est-à-dire que la foule les a préconçues.

De ce phénomène, je me suis occupé dans mon
ouvrage: *L'animo della folla*, où j'écrivais alors
ces lignes: « Lorsque le génie découvre une nouvelle
théorie scientifique, on peut dire qu'elle fut entrevue
et préannoncée dans quelques dictons par la génialité anonyme de la foule. Avant Darwin, le peuple

calabrais, dans un mot pornographique, avait gravé la lutte pour l'existence et pour l'amour; avant les graphologues l'écriture s'appelait caractère; avant Lister dans *la Sila* (en Calabre) les blessures se soignaient par la thérébenthine, etc.

Ces anticipations géniales et d'autres encore sont dues à la foule qui, lorsque la science les affirme, les accepte difficilement en se berçant dans son misonéisme.

« L'anticipation de la foule est, comme celle du génie : inconsciente.... » pages 87 et 88.

Ces idées ont été répétées dans *J. Mazzini et la science moderne*, p. 121 et suiv. Cosenza, 1900.

TABLE ANALYTIQUE DES MATIÈRES

Chapitre I

La psychologie des « meneurs ».

Sens et histoire du mot *meneur* (Taine). *L'animateur* et *l'évocateur*. La psychologie du *meneur* est presque inconnue ; but de l'ouvrage. La psychologie des *meneurs* ramenée à des lois plus simples de psychologie et de psychiatrie ; faits de suggestion. Les *amorphes* et les *instables* ; causes qui augmentent la plasticité de la foule : la foule sujet de suggestion : le *meneur* est un suggesteur et un *actif* ; acception de ce mot ; incarnation facile et prompte de nouvelles personnalités psychologiques. *Les tragédiens, les orateurs ;* impulsivité et conscience crépusculaire ; insurrection d'états de conscience et de mémoire émotive. Succession, alternation, coexistence normale et anormale ; transformation de la personnalité de l'homme fasciné ; différence entre *suggesteur* et *meneur ;* entre la foule et le sujet de suggestion ; action dynamogénétique et inhibitoire. Conclusion.   *pages 1-25.*

CHAPITRE V

La valeur sociale des « meneurs ».

A. MICHALON, éditeur, 26, rue Monsieur-le-Prince, Paris.